Tina Görner

# Was für ein Theater!

Reihe Pädagogik
Band 40

Tina Görner

# Was für ein Theater!

## Methodische Ansätze in der Arbeit mit gewalttätigen Jugendlichen

Centaurus Verlag & Media UG

**Zur Autorin:**
Tina Görner ist ausgebildete Erzieherin sowie Sozialarbeiterin/Sozialpädagogin und studierte Soziale Arbeit mit Schwerpunkt auf Jugendkriminalität und methodischem Arbeiten mit Gewaltstraftätern. Derzeit arbeitet sie beim Jugendamt Dortmund in der Beratung von Familien, Kindern und Jugendlichen.

**Bibliografische Informationen der Deutschen Nationalbibliothek**
Die Deutsche Nationalbibliothek verzeichnet diese Publikation in der Deutschen Nationalbibliografie; detaillierte bibliografische Daten sind im Internet über http://dnb.d-nb.de abrufbar.

ISBN 978-3-86226-117-8     ISBN 978-3-86226-498-8 (eBook)

DOI 10.1007/978-3-86226-498-8

**ISSN 0930-9462**

© *CENTAURUS Verlag & Media KG, Freiburg 2011*
*www.centaurus-verlag.de*

Umschlaggestaltung: Jasmin Morgenthaler

Umschlagabbildung: ***jojo: Le fantôme. [weimar 09], www.photocase.de,

Satz: Vorlage der Autorin

*Für Lisa,*

*die mir letztlich weit mehr über Menschlichkeit beigebracht hat, als ich sie je hätte lehren können.*

*Dortmund, Juli 2011*

# Vorwort

Das Thema Jugendgewalt ist und bleibt ein gesamtgesellschaftliches Phänomen. Über die Ursachen von Jugendgewalt gibt es mittlerweile so viele Fachbücher, womit ganze Bibliotheken gefüllt werden können. Darüber hinaus gibt es sehr viele Veröffentlichungen zum Thema, die nicht hochwissenschaftlich sind, sondern eher journalistisch geschrieben sind. Diese Tatsache beweist, dass das Thema der Jugendgewalt nicht nur im Focus der Wissenschaft steht, sondern auch die Fachöffentlichkeit und Massenmedien interessiert. Vor allem die Untersuchungen des Kriminologischen Forschungsinstitut Niedersachsen sorgen in der Öffentlichkeit für Furore, weil das Institut in regelmäßigen Abständen große Schülerbefragungen medienwirksam vorstellt. Das Forschungsfeld der Gewalt im Allgemeinen und Gewalt unter den Jugendlichen im Besonderen ist ein diffiziles Gebiet.

Auch im Hinblick auf den Umgang mit gewalttätigen und gewaltbereiten Jugendlichen gibt es zahlreiche Ansätze und Methoden, die erfolgreich angewendet werden. Vor allem wird der Ansatz der Konfrontativen Methode medial und fachlich intensiv rezipiert. Die Konfrontative Methode verfolgt das Ziel, mittels konfrontativer Intervention bei sozial auffälligen und gewalttätigen Kindern, Jugendlichen und Heranwachsenden, die mit gängigen sozialpädagogischen Maßnahmen nicht erreicht werden bzw. nicht erreicht werden können, eine Verhaltensänderung zu erreichen bzw. weitere Gewalttaten zu verhindern.

Das vorliegende Buch von Tina Görner basiert zwar auf die Methode der Konfrontativen Pädagogik geht aber einen eigenen Weg. Folgendes kann im Vorfeld konstatiert werden: Das Buch distanziert sich nicht von der Konfrontativen Methode, sondern ergänzt sie. Nach dem Tina Görner sehr sensibel und differenziert das Gewaltphänomen, seine Ursachen sowie das traditionelle Anti-Aggressivitäts-Training – eine Methode des konfrontativen Ansatzes – analysiert, stellt sie eine neue Konzeption im Umgang mit gewalttätigen und gewaltbereiten Jugendlichen, nämlich FairKörpern – ein theaterpädagogisches Konzept, vor. Das übergeordnete Ziel des Konzeptes besteht darin, die Inklusion der Jugendlichen in die Gesellschaft zu erreichen. Das Angebot von FairKörpern verfolgt das Ziel, mit jedem einzelnen Jugendlichen individuelle Ziele zu vereinbaren, weil die Jugendlichen ihre Individuellen schwächen und Probleme mit sich bringen. Görner bleibt auch hier nicht im Ungefähren, sondern beschreibt ihr Konzept sehr ausführlich, sorgfältig und praxisnah. Vor allem das Sitzungdurriculum kann für Praktikerinnen und Praktiker als Goldgrube bezeichnet werden.

Ein sehr gut strukturiertes, interessantes und hervorragend lesbares Fachbuch, das ich nicht nur Lehrenden und Studierenden an den Hochschulen wärmsten empfehlen möchte, sondern vielmehr Praktikerinnen und Praktikern in der Jugendhilfe und Schule als Pflichtlektüre ans Herz lege. Das Buch von Tina Görner beweist eindrucksvoll, dass die Methoden der Sozialen Arbeit effektiver und gewinnbringender sind als Repressalien, Untersuchungs- oder Jugendhaft bzw. der viel diskutierte Warnschussarrest.

Prof. Dr. Ahmet Toprak                    Fachhochschule Dortmund

# Abstract

Die vorliegende Arbeit „Was für ein Theater! Methodische Ansätze in der Arbeit mit gewalttätigen Jugendlichen" setzt sich mit der Frage auseinander, ob Jugendgewalt in Deutschland immer mehr zu eskalieren droht und ob der Gewalt mit juristischen Konsequenzen oder mit Interventionen und Präventionen der Sozialen Arbeit zu begegnen ist. Dazu wird im ersten Teil der begriffliche Rahmen abgesteckt und mithilfe repräsentativer Hell- und Dunkelfeldstudien die Zahlen begangener Jugendgewalttaten ausgewertet. Außerdem werden die juristischen Konsequenzen für jugendliche Straftäter aufgezeigt und die Rolle der Sozialen Arbeit in der Straffälligenhilfe beschrieben. Dabei zeigt sich, dass der Einsatz von Methoden der Sozialen Arbeit sich nachhaltiger auf die Entwicklung junger Gewaltstraftäter auswirkt als eine Verschärfung juristischer Konsequenzen. Exemplarisch für die Soziale Arbeit mit Straffälligen wird im zweiten Teil der Arbeit das traditionelle Anti-Aggressivitäts-Training als ambulante Maßnahme für jugendliche Gewaltstraftäter nach § 10 JGG vorgestellt. Anschließend stellt die Autorin eigene Ideen zur Weiterentwicklung ambulanter Maßnahmen vor. Dazu wurden von ihr Ideen in einem Konzept und Curriculum festgehalten. Das entstandene Projekt „FairKörpern – Ein theaterpädagogisches Projekt für jugendliche Straftäter" stellt ein gendergerechtes Anti-Gewalt-Training in Verbindung mit theaterpädagogischer Arbeit und Berufsbildung dar.

# Abstract

The present works "What a show! Juvenile violence and methodical approaches in care for delinquents" deals with the question of whether juvenile violence threatens to escalate in Germany and whether violence can be confronted with legal consequences or with interventions and prevention of social work. In the first part, the conceptual framework is defined and the numbers of acts of juvenile violence is analysed by means of representative light and dark field studies. In addition, legal consequences for juvenile offenders are pointed out and the role of social work in care for delinquents is described. It is demonstrated that the use of methods of social work has a more sustainable effect on the development of young criminal offenders than a tightening of legal consequences. In the second part of this works, the traditional anti-aggression-training is presented exemplary for social work with delinquents as ambulatory measure for juvenile criminal offenders according to § 10 JGG. Subsequently, the author presents her own ideas for the further development of ambulatory measures. She created a concept and curriculum out of her ideas. The resulting project "FairKörpern (embodying) – A theatre education project for juvenile offenders" is a gender-conscious anti-violence training in connection with theatre education work and vocational training.

# Inhalt

# Abkürzungsverzeichnis

| | |
|---|---|
| **AAT** | Anti-Aggressivitäts-Training |
| **AG** | Arbeitsgruppe(n) |
| **AO** | Abgabenordnung |
| **BIZ** | Berufsinformationszentrum |
| **BMI** | Bundesministerium des Inneren |
| **BtMG** | Betäubungsmittelgesetz |
| **JGG** | Jugendgerichtsgesetz |
| **JVA** | Justizvollzugsanstalt |
| **KFN** | Kriminologisches Forschungsinstitut Niedersachsen e.V. |
| **KJHG** | Kinder- und Jugendhilfegesetz |
| **PKS** | Polizeiliche Kriminalstatistik |
| **SGB VIII** | Sozialgesetzbuch VIII |
| **StGB** | Strafgesetzbuch |

# Einleitung

Als am 12. September 2009 der Manager Dominik Brunner an einem S-Bahnhof in München von einem Jugendlichen (17 J.) und einem Heranwachsenden (18 J.) zu Tode geprügelt wurde, entflammte in Deutschlands Medienwelt eine erneute Diskussion über die steigende Jugendkriminalität und die zunehmende Gewaltbereitschaft unserer Jugendlichen. Politiker, Journalisten und Medien präsentieren sich seitdem verstärkt als selbsternannte Gewaltexperten und nutzen die Massenmedien dafür, ihre Erklärungen für die Entwicklung der Jugendgewalt in Deutschland und die – aus ihrer Sicht – besten politischen oder pädagogischen Handlungsstrategien unters Volk zu bringen. So berichten BILD, der Spiegel und einschlägige kommunale Nachrichtensendungen regelmäßig über die ansteigende Jugendkriminalität in Deutschland. Zuletzt im April 2011, nachdem am Karfreitag ein 29-jähriger Mann am Berliner U-Bahnhof Friedrichstraße von einem 18-Jährigen zu Boden getreten und schwer am Schädel verletzt wurde, erlangte das Thema in den Medien neue Brisanz. Die Reaktion der Journalisten, aber auch der Politik, ist es, immer wieder der Sozialen Arbeit vorzuwerfen, Gewalttaten zu banalisieren und mit Kuschelpädagogik und Kuscheljustiz zu begegnen und fordern im selben Atemzug höhere Strafen für jugendliche Gewalttäter[1]. Vor Titeln wie „Mordswut - Die unheimliche Eskalation der Jugendgewalt"[2] oder „Düstere Emporkömmlinge – Kinder der Finsternis"[3] schrecken die Berichterstatter dabei nicht zurück. Diese Art der Berichterstattung bewirkt jedoch lediglich, dass das subjektive Sicherheitsgefühl der Bevölkerung sinkt und gibt keinesfalls eine realistische, die Statistik und Entwicklungspsychologie berücksichtigende Handlungsalternative vor. Die vorliegende Arbeit hat Statistiken ausgewertet, zeigt entwicklungspsychologische Gründe für die Entstehung von Gewalt und Kriminalität auf, reflektiert bestehende Hilfsangebote der Sozialen Arbeit und stellt abschließend Gedanken zur Weiterentwicklung der ambulanten Maßnahmen in der Straffälligenhilfe vor. Einführend beginnt der erste Teil dieser Arbeit mit theoretischen Rahmenbedingungen. Im ersten Abschnitt wird aufgezeigt, welches Verhalten sich überhaupt hinter dem Begriff der Jugendkriminalität verbirgt und welche Deliktarten als jugendtypisch zu betrachten sind. Weiter wird ausgeführt, in welchem Verhältnis Aggression und Gewalt zueinander stehen. In Anlehnung an Michel 2002 wird Aggression durchaus als normales menschliches Verhalten beschrieben, welches erst durch bestimmte Grenzüberschreitungen

---

[1] Vgl. Becker et al. 2011: S. 35 f. In: Der Spiegel Nr. 18/ 2.5.11
[2] Spiegelredaktion 2011: Titel
[3] Becker et al. 2011: S. 33. In: Der Spiegel Nr. 18/ 2.5.11

1

zu Gewalt und schließlich zu Normverletzungen führt[4]. Im Bereich der Jugendkriminalität finden sich diese Normverletzungen meist in Bereichen der Körperverletzungen wieder, welche kurz vorgestellt und erläutert werden. Darüber hinaus wird die Frage bearbeitet, ob Jugendgewalt zumeist Jungengewalt ist. Zwar stellen auch hier die Medien dar, Gewalt unter Mädchen sei ein wachsendes Problem, jedoch begehen den weit überwiegenden Teil der Gewaltstraftaten weiterhin junge Männer. Für diese falsche Wahrnehmung sind Geschlechterrollenstereotype verantwortlich, welche hier aufgezeigt und reflektiert werden.

Im zweiten theoretischen Teil wird das suggerierte Empfinden einer stetig steigenden Jugendgewalt mit Zahlen der Polizeilichen Kriminalstatistik und Zahlen einer Dunkelfeldstudie des Kriminologischen Forschungsinstituts Niedersachsens verglichen und ausgewertet. Im Anschluss daran wird erläutert, welche Faktoren im Sozialisationsprozess junger Menschen die Entwicklung von kriminellem und gewalttätigem Verhalten begünstigen können. Da die Entstehungsgründe so vielschichtig und individuell wie die Persönlichkeiten der Straftäter selbst sein können, wird hier der Fokus auf die Entwicklungsaufgaben der Adoleszenz, die sozialen Einflussfaktoren Familie und Peergroup sowie den Bildungsgrad gelegt. Auch auf diesen Erkenntnissen beruhende Präventionsmaßnahmen der Sozialen Arbeit werden an dieser Stelle vorgestellt. Schließlich enden die Ausführungen im theoretischen Rahmen mit den rechtlichen Sanktionen für jugendliche und heranwachsende Straftäter. Das Jugendgerichtsgesetz dient dafür als Legitimation und reagiert auf normverletzendes Verhalten mit Erziehungsmaßregeln, Zuchtmitteln und Jugendstrafe. Diese Sanktionsformen werden erläutert und schließlich aus Sicht der Sozialen Arbeit reflektiert.

Der zweite Teil der vorliegenden Arbeit gestaltet sich sehr praktisch. Das Anti-Aggressivitäts-Training nach Jens Weidner als traditionelle ambulante Maßnahme für gewaltbereite Straftäter wird mit Bezug auf die Konfrontative Pädagogik in Theorie und curricularen Eckpfeilern vorgestellt. Basierend auf der Annahme, dass keine Methode der Sozialen Arbeit als Allheilmittel dienen kann, werden dabei auch die Grenzen des Trainings aufgezeigt. Über diese Grenzen hinaus wird anschließend ein völlig anderer Ansatz in der Arbeit mit gewaltbereiten Jugendlichen und Heranwachsenden entwickelt und vorgestellt. Im Projekt FairKörpern, welches eine ambulanten Maßnahme nach § 10(1) Nr. 3 u. 6 JGG für gewaltbereite Jugendliche des männlichen sowie des weiblichen Geschlechts darstellt, sollen die Teilnehmer durch theaterpädagogische Unterstützung die Förderung ihrer emotionalen und sozialen Kompetenzen erhalten, die sie brauchen, um von ihrem gewalttätigen

---

[4] Vgl. Michl 2002: S. 236. In: Bereswill/Höynck

Verhalten Abstand nehmen zu können. Um ein möglichst ganzheitliches Angebot zu schaffen, das intensive Beziehungsarbeit ermöglicht und unterschiedliche Methoden zur Resozialisierung verbindet, werden in diesem Projekt auch die Auseinandersetzung mit dem eigenen gewaltbereiten Handeln sowie die Verbesserung der beruflichen Chancen berücksichtigt. Wichtige konzeptionelle Grundlagen werden basierend auf der Reflexion des theoretischen Wissens über Jugendgewaltkriminalität konzipiert und hier festgehalten. Die fünf Handlungsfelder des Projekts FairKörpern beziehen sich auf die Bereiche Gruppensitzungen (inhaltliche Thematisierung des Gewaltverhaltens), Theatermodul, Arbeitsgruppen, Bewerbungstraining und Praktikumsphase. Neben einem geschlossenen Curriculum zur Durchführung der Gruppensitzungen finden sich am Ende der vorliegenden Arbeit Ziele und Inhalte der weiteren Module sowie einige praktische Umsetzungsideen.

Die Verfasserin ist sich einer gendergerechten Schreibweise durchaus bewusst. Aus Gründen der einfacheren Lesbarkeit wird hier jedoch lediglich die männliche Form der Schreibweise gewählt; selbstverständlich sind auch Frauen gemeint. Um das Lesen weiter zu vereinfachen wird ebenfalls nach einer spezifischen Einführung auf die Unterscheidung von Jugendlichen und Heranwachsenden verzichtet. Wenn im praktischen Teil dieser Arbeit von Jugendlichen gesprochen wird, sind Personen zwischen dem 14. und 21. Lebensjahr gemeint.

# I. Theoretische Rahmenbedingungen

## 1. Jugendgewaltdelikte

Im ersten Teil der vorliegenden Arbeit wird es darum gehen, das begriffliche Feld abzustecken. Welche Handlungen stecken hinter dem Begriff Jugendkriminalität und wann ist die Rede von einem Gewaltdelikt? Auch das Verständnis des Begriffs „Gewalt" wird erläutert, wobei sich dieser im vorliegenden Kontext auf Gewalt gegen Personen bezieht und Gewalt gegen Sachen und Autoaggressionen ausklammert werden. Auch die strafrechtlichen Normen im Zusammenhang mit Gewaltdelikten werden kurz aufgezeigt. Da sich diese Arbeit im interdisziplinären Schnittstellenbereich der Justiz und der Sozialen Arbeit bewegt, werden beide Professionen, deren Werteverständnis und Ziele definiert und in Beziehung zueinander gesetzt.

### 1.1 Jugendkriminalität

Der Begriff Jugendkriminalität subsumiert alle in Deutschland registrierten Straftaten, bei denen die Tatverdächtigen zwischen 8 und 21 Jahren alt sind. Polizeilich erfasste Straftaten Jugendlicher und Heranwachsender liegen meist in den Bereichen der Diebstahlsdelikte (meist Ladendiebstahl), Körperverletzungsdelikte, Raubdelikte (Handtaschenraub), Sachbeschädigung (Graffiti), Leistungserschleichung (das sogenannte Schwarzfahren) sowie Verstöße gegen das Betäubungsmittelgesetz[5]. Da diese Delikte besonders häufig im Rahmen der Jungendkriminalität erfasst werden, gelten sie als jugendspezifisch[6]. Der jugendspezifische Charakter geht damit einher, dass die meisten von Jugendlichen begangenen Taten einen sogenannten Bagatellcharakter aufweisen. Meist handelt es sich um:

> „ (...) vorübergehende Entgleisungen, die in der Entwicklung fast jedes jungen Menschen mit der Einordnung in das soziale Leben verbunden sind. "[7]

Dennoch werden auch diese Normverstöße unter dem Begriff Kriminalität aufgeführt.

---

[5] Vgl. Wahl und Hees 2009: S. 18
[6] Vgl. ebd.
[7] Schaffstein/Beulke 2002: S. 3

4

## 1.2 Gewalt und Gewaltdelikte

Zwei mit Gewaltdelikten in Verbindung stehende Wörter lauten Aggression und Gewalt. Diese beiden Begriffe werden oft synonym verwendet, obwohl nicht jede Aggression auch Gewalt mit sich bringen muss.

Der Begriff Aggression stammt vom lateinischen Verb „adgredi", was so viel bedeutet wie „heranschreiten", „sich etwas nähern"[8]. Das ursprüngliche Verb bezeichnet also ein positives soziales Verhalten. Der Begriff Aggression ist jedoch heute negativ besetzt und wird beschrieben als:

> *„Jegliche Form von Verhalten, das darauf gerichtet ist, einem anderen Lebewesen, das motiviert ist, eine derartige Behandlung zu vermeiden, zu schaden oder es zu verletzen."*[9]

In Bezug auf Kinder und Jugendliche bleibt jedoch zu beachten, dass nicht jede ausgelebte Aggression mit einer Verhaltensstörung gleichzusetzen ist. Aggressionen gehören durchaus zur normalen Entwicklung[10]. Das Auflehnen gegen die eigenen Eltern, das Streiten mit Freunden und das wuterfüllte Knallen einer Tür gehören zur normalen menschlichen Entwicklung und bieten Kindern und Jugendlichen die Möglichkeit, Grenzen auszutesten, um ihren Platz in unserer Gesellschaft zu finden[11]. Erst wenn die Ausübung der Aggression den Besitzer und andere deutlich schädigt und einer weiteren gesunden Entwicklung im Wege steht, reicht sie über ein normales Maß hinaus.

> *„Aggressionen sind also Bestandteil menschlichen Verhaltens und in definierten Grenzen auch gesellschaftlich akzeptiert und erwünscht (...). Es gibt also gesellschaftlich akzeptierte Formen von Aggressionen und nicht akzeptierte Aggressionsformen. Zum letzteren gehören körperliche und verbale Gewalt in Form von Beleidigungen, Provokationen, Bedrohungen und Verletzungen des Körpers und der Psyche eines Menschen."*[12]

---

[8] Vgl. Wahrig 2008: S. 17
[9] Vgl. Bierhoff/Herner 2002: S. 8
[10] Vgl. Deegener: 2002: S. 15
[11] Vgl. ebd.
[12] Michl 2002: S. 236. In: Bereswill/ Höynck

Aggression wird also dann zur Gewalt, wenn körperliche, verbale oder psychische Machtausübung genutzt wird, um den Willen und/oder die Grenzen eines anderen zu brechen[13].

Die gesellschaftlich nicht akzeptierten Formen der Aggressionsauslebung stellen in Deutschland Gewaltdelikte dar. Echte Kriminalität im Bereich der Gewaltdelikte wie Mord, Totschlag und Körperverletzung mit Todesfolge werden nur selten von Jugendlichen verübt. Die häufigsten jugendspezifischen Gewaltdelikte sind:

- *§ 223 StGB Körperverletzung* begeht, wer eine andere Person körperlich misshandelt oder an der Gesundheit schädigt[14].(z. B. Prügeleien, Schulhofraufereien, etc.)
- *§ 224 StGB Gefährliche Körperverletzung* begeht, wer die Körperverletzung hinterlistig oder mittels eines gefährlichen Werkzeugs oder mit anderen Beteiligten begeht[15].(z. B. gemeinschaftliche Körperverletzungen, Zuhilfenahme eines Messers, etc.)
- *§ 226 StGB Schwere Körperverletzung* zeichnet sich dadurch aus, dass das Opfer durch den Übergriff Verlust des Sehvermögens, des Gehörs, eines Körperglieds oder eine andere nachfolgende Behinderung erleidet[16].
- *§ 249 StGB Raub* begeht, wer mit Gewalt gegen eine Person oder unter Androhung mit gegenwärtiger Gefahr für Leib oder Leben eine fremde bewegliche Sache einem anderem wegnimmt[17].(z. B. das unter Jugendlichen bekannte Abziehen, etc.)

## 1.3 Jugendgewalt = Jungengewalt?

Wenn von Jugendgewalt die Rede ist, werden allzu oft junge Männer mit diesem Begriff assoziiert[18]. Dem zugrunde liegt das mitteleuropäische Verständnis von Geschlechterrollenstereotype, welches dem Jungen die Anwendung von Gewalt zur Selbstbehauptung und Konfliktlösung zuschreibt und dem Mädchen die Aufgabe zuteilt, harmonisierend und ausgleichend zu agieren[19]. Tatsächlich aber empfinden Mädchen nicht weniger Aggression, Wut und Zorn wie Jungen, sie unterdrücken

---

[13] Vgl. Korn/ Mücke 2011: S. 15
[14] Vgl. Stascheit 2008: S. 1715
[15] Vgl. ebd. S. 1716
[16] Vgl. ebd.
[17] Vgl. Kindhäuser 2009: S. 909
[18] Vgl. Simon 2009: S. 15
[19] Vgl. ebd.

diese nur häufiger[20]. Simon (2009) beschreibt, dass Mädchen, die sich aggressiv verhalten, daher viel eher als gestört empfunden werden als Jungen, was die Wahrnehmung der Gesellschaft über eine steigende Mädchengewalt erhöht[21]. Tatsächlich ist die gesteuerte Äußerung von Aggression, Wut und Zorn jedoch für beide Geschlechter wichtig, da das Unterdrücken von aggressiven Gefühlen langfristig zu internalen Copingstrategien führt, welche psychosomatische Beschwerden sowie psychische Störungen und Depressivität auslösen können[22].

Simon (2009) beschreibt weiter, dass das Interesse der Erforschung der weiblichen Kriminalität erst seit der einsetzenden Emanzipation in den 70er Jahren des vergangenen Jahrhunderts Beachtung findet. Als Ergebnis repräsentativer Forschungen von Pfeiffer/Wetzels 1997; Pfeiffer et al. 1998; Pfeiffer 1995 und dem Bundeskriminalamt 1996 und 1999 zur Jugendgewalt unter Mädchen resümieren Bruhns und Wittmann (2002), dass es tatsächlich seit Mitte der 80er Jahre eine Erhöhung der Gewaltdelikte, verübt durch junge Frauen, festzustellen ist[23]. Diese Entwicklung bezeichnen Bruhns und Wittmann (2002) in Anlehnung an Heitmeyer (1995) als „Weiblichen Aufholprozeß hinsichtlich geschlechtsspezifischer Entwicklungslinien zur Gewalt"[24]. Dabei sind Mädchen unter jugendlichen Gewalttätern immer noch vier bis fünfmal weniger vertreten als Jungen, jedoch beschreibt Matthies (2011), dass die Intensitäten der physischen Übergriffe und die Folgen für die Opfer der Taten denen der männlichen Jugendgewalt ähneln[25]. Hingegen der verbreiteten Meinung, Mädchengewalt äußere sich eher in Form von verdeckter, verbaler und psychischer Form, ergibt die Studie von Simon (2009), dass keines der teilnehmenden Mädchen verbal und psychisch verletzendes Verhalten als Gewalt definiert[26]. Der Gewaltbegriff im Kontext der Mädchengewalt umfasst somit ähnliche körperliche Auseinandersetzungen wie unter Jungen[27]. Die Opfer der Gewalttaten sind zumeist ebenfalls Mädchen, Jungen werden eher selten angegriffen[28]. Der Einsatz von Waffen wird von Mädchen eher abgelehnt, da er von ihnen eher als Schwäche denn als Stärke interpretiert wird[29].

---

[20] Vgl. Bruhns/Wittmann 2002: S. 16
[21] Vgl. Simon 2009: S. 15
[22] Vgl. Bruhns/Wittmann 2002: S. 17
[23] Vgl. ebd. S. 12 f.
[24] Bruhns/Wittmann S. 13
[25] Vgl. Matthies 2011: S. 212
[26] Vgl. Simon 2009: S. 78
[27] Vgl. ebd.
[28] Vgl. ebd. S. 66
[29] Vgl. ebd. S. 67

Geraten Jugendliche und Heranwachsende mit dem Gesetz in Konflikt, treten sie zwangsläufig mit zwei Systemen in Kontakt, welche unterschiedliche Systemlogiken und somit auch unterschiedliche Ziele verfolgen: Das Strafrecht und die Soziale Arbeit.

Das Strafrecht stellt im demokratischen Staatsaufbau der Bundesrepublik Deutschland ein nötiges System dar, um die Sicherheit und Ordnung unserer Gemeinschaft sicherzustellen. Ziel ist es, mit engem Bezug zu den Menschenrechten das Gleichgewicht der Freiheitsrechte für alle Bürger zu schützen[30]. Außerdem sollen die durch Sozialisation und Erziehung gewonnenen Sozialnormen gewahrt werden[31]. In Bezug auf Gewaltdelikte bedeutet dies, dass der physisch Starke durch das Strafrecht daran gehindert werden kann, seine Stärke zum Durchsetzen seiner eigenen Interessen gegen einen Schwächeren einzusetzen. So werden kollektive Rechtsgüter wie Leben, Gesundheit, Eigentum, Freiheit und Persönlichkeitsentfaltung durch das Strafrecht vor Übergriffen anderer geschützt[32]. Dabei folgt das Strafrecht im Strafgesetzbuch dem Gesetzlichkeitsprinzip, bei dem Tatbestand und Rechtsfolgen klar definiert sind. Ist der Tatbestand gegeben und die Schuldfrage geklärt, ist das Strafrecht befugt, Sanktionen (Strafen) zu verhängen, welche den Täter durch Sühneleistungen von dessen Schuld befreien und das Gerechtigkeitsempfinden der Gemeinschaft und des Betroffenen befriedigen sollen[33]. Zusammenfassend sind wesentliche Ziele des Strafrecht i.V.m. der Justiz:

- die Wahrung der Sicherung und Ordnung;
- die Wahrung innerstaatlicher Werte;
- der Schutz des Individuums vor Übergriffen anderer;
- die Wahrung des Gleichgewichts der Freiheitsrechte;
- die Schaffung von Gerechtigkeit durch Sühne und Buße.

Die Soziale Arbeit wirkt durch die Zusammenarbeit mit der Justiz zwar auch daran mit, gesellschaftliche Normalzustände zu wahren, jedoch ist ihr Gesamtauftrag lösungs- und klientenzentrierter. Die Soziale Arbeit wird immer da tätig, wo soziale Probleme auftauchen, wie zum Beispiel die Straffälligkeit. Dies macht den professionellen Sozialarbeiter zu einem interdisziplinären Schnittstellenexperten, wel-

---

[30] Vgl. Dölling et al. 2008: S. 52
[31] Vgl. Kreft et al. 1990: S. 15
[32] Vgl. Dölling et al. 2008: S. 52
[33] Vgl. ebd. S. 54

cher strategische, methodische, sozialpädagogische, sozialrechtliche, administrative, kommunikative und ethische Kompetenzen miteinander in Verbindung bringt[34]. Die zentrale Aufgabe ist die Vermittlung zwischen Gruppen, Organisationen und Einzelpersonen[35]. Dabei verfolgt die Soziale Arbeit einen Doppelauftrag: Zum einen bezieht sie sich auf die Kompetenzen des Individuums, zum anderen auf die Charakterstruktur der Gesellschaft und somit auf die Frage, wie Individuum und Gesellschaft eine Balance zwischen ihren Bedürfnissen und Anforderungen erreichen können[36]. Der internationale Berufsverband (International Federation of Social Work, IFSW) definiert den Auftrag der Profession wie folgt:

> *„Soziale Arbeit als Beruf fördert den sozialen Wandel und die Lösung von Problemen in zwischenmenschlichen Beziehungen, und sie befähigt die Menschen, in freier Entscheidung ihr Leben besser zu gestalten."*[37]

Diese „freie Entscheidung" findet nicht nur in der Straffälligenhilfe dort seine Grenzen, wo die Grenzen eines weiteren Individuums oder der Gesellschaft beginnen. Um innerhalb dieser Grenzen ein selbstverantwortliches, selbstbestimmtes und sinnvolles Leben zu führen, müssen manche Individuen Veränderungen an ihren gesamten Lebensumständen vornehmen, bei welchen die Profession der Sozialen Arbeit ganzheitlich, beratend und unterstützend tätig ist[38]. Die Lebensumstände der Mitglieder unserer Gesellschaft sind dabei so breitgefächert wie die Arbeitsfelder der Sozialen Arbeit. Die Felder der Frühförderung, der Kinder- und Jugendhilfe, der Rehabilitation, der Resozialisierung, der Altenarbeit, etc. sind ebenfalls mit breitgefächerten und unterschiedlichen speziellen Aufgaben und Zielen verknüpft, welche den Anforderungen und Bedürfnissen der jeweiligen Klientel entsprechen. Dennoch lassen sich einige Ziele formulieren, welche der gesamten Systemlogik der Sozialen Arbeit gerecht werden:

– Menschen zu helfen, welche sich in entwicklungs-, reife-, konflikt- oder notbedingten Situationen befinden, sodass diese zur vollen Entfaltung ihrer Persönlichkeit kommen;

---

[34] Vgl. Maus et al. 2008: S. 12
[35] Vgl. Heiner 2007: S. 102
[36] Vgl. ebd.
[37] Vgl. ebd.
[38] Vgl. ebd. S. 103

- Die Ablösung des Klienten von öffentlichen Hilfen (Hilfe zur Selbsthilfe), hin zur selbstständigen, sinnvollen und sozialverantwortlichen Lebensführung;
- Überwindung von Sozialisationsdefiziten;
- Verringerung sozialer Ungleichheit[39];
- Integration und Inklusion Benachteiligter[40].

## 1.5 Zusammenfassung

Das begriffliche Feld der vorliegenden Arbeit erstreckt sich im Wesentlichen über die Begriffe Jugendkriminalität, Gewaltdelikte, Strafrecht und Soziale Arbeit. Unter Jugendkriminalität werden in der Bundesrepublik sämtliche Rechtsverstöße subsumiert, die von Tätern im Alter zwischen 8 und 21 Jahren begangen wurden. Dabei handelt es sich meist um Delikte im Bereich des Ladendiebstahls, Sachbeschädigung, Leistungserschleichung, BtMG-Verstöße sowie Körperverletzungen. Die begangenen Taten kennzeichnen sich durch Jugendspezifität und einen sog. Bagatellcharakter. Im Bereich der Gewaltdelikte gelten einfache, gefährliche und schwere Körperverletzung (§§ 223, 224, 226 StGB) als jugendtypisch.

Straffällige Jugendliche treten zwangsläufig mit dem System des Strafrechts und der Sozialen Arbeit in Kontakt. Das Strafrecht verfolgt dabei das wesentliche Ziel, kollektive Rechtsgüter wie Leben, Gesundheit, Eigentum, Freiheit und Persönlichkeitsentfaltung vor Übergriffen anderer zu schützen und begangene Übergriffe zu sanktionieren. Die Soziale Arbeit hingegen ist darauf ausgerichtet, das Individuum darin zu unterstützen, dessen individuelle Kompetenzen und Bedürfnisse mit der Charakterstruktur unserer Gesellschaft in Einklang zu bringen.

---

[39] Vgl. Limbrunner 1998: S. 25
[40] Vgl. Heiner 2007: S. 105

## 2. Jugendkriminalität und Gewaltdelikte in Deutschland

Wie bereits in der Einleitung bemerkt, stellt Jugendkriminalität ein Thema mit gro-
ßem Medieninteresse dar. Die Frage lautet allerdings, ob die Jugendkriminalität
tatsächlich steigt, oder ob lediglich die Anzahl der Berichterstattungen steigt. Die
Autorin stellt das Bild der Jugendkriminalität, welches durch die Medien vermittelt
wird, aus subjektiver Sicht dar und reflektiert dieses mediale Bild. Im folgenden
Teil wird mithilfe der Polizeilichen Kriminalstatistik versucht, ein Ausschnitt der
Realität herzustellen. Einen wichtigen Einflussfaktor für die Konstruktion dieses
Realitätsausschnittes stellt das Anzeigeverhalten der Bürger dar, auf welches die
Autorin kurz eingeht. Da es sich bei der Polizeilichen Kriminalstatistik um eine
Hellfeldanalyse handelt, wird sie mithilfe eines Forschungsberichts um das Dun-
kelfeld ergänzt. Die Analyse beider Statistiken soll schließlich Aufschluss über
folgende Frage geben: Gibt es tatsächlich eine massiv steigende Jugendkriminalität
in Deutschland?

### 2.1 (Zerr-)Spiegel der Medien(?)

„Medien erschaffen eine zweite Realität."[41] So beschreibt Stiels-Glenn (2011) in
Anlehnung an Luhmann (2004) das Phänomen, dass die Intensität und Brutalität
der Jugendgewalt in Deutschland von großen Teilen der Bevölkerung als immer
eskalierender wahrgenommen wird. Für diese Wahrnehmung, die Besorgnis und
Unsicherheit in vielen Bürgern auslöst, ist in erster Linie die mediale Berichterstattung verantwortlich[42]. So berichtet auch Der Spiegel im Frühjahr 2011 über „Die
unheimliche Eskalation der Jugendgewalt"[43]. Weiter berichten Becker et al. in dieser Ausgabe, dass die Angst vor Jugendgewalt sich immer weiter ausbreite und
Straßen, Bahnen und Plätze in Deutschland unsicher geworden seien[44]. Diese Art
der Berichterstattung findet sich in ähnlich aufputschender, angstverbreitender
Weise zahlreich zum Thema Jugendgewalt. Was der breiten Öffentlichkeit dabei
vorenthalten bleibt sind Studien und Zahlen, welche diese subjektive Wahrnehmung auch bestätigen.

Tatsächlich finden sich Beschreibungen von Jugendgewalt bereits in 150 Jahre
alter Literatur. So schrieb schon Wilhelm Busch 1865 die Geschichte der beiden

---

[41] Stiels-Glenn 2011: S. 93. In Weidner/Kilb
[42] Vgl. ebd.
[43] Spiegelredaktion 2011: Titel
[44] Vgl. Becker et al. 2011: S. 34. In: Der Spiegel Nr. 18/ 2.5.11

11

Lausbuben Max und Moritz und wie sie mit ihren sog. Streichen (Diebstahl, Tier-
quälerei, versuchter Mord, etc.) die Bewohner des Dorfes plagten. Die Geschichte
beschreibt das bereits bestehende abweichende Verhalten der Jugend vor 150 Jahren und die damals üblichen Erziehungsmethoden der Zucht- und Prügelpädagogik.
Schon damals schien das Thema der Jugendkriminalität (damals noch sentimental
Streiche genannt) ein derart aufmerksamkeitserregendes Thema zu sein, dass sich
daraus ein Klassiker machen ließ. Aber auch richtige Gewaltkriminalität durch Jugendliche hat es sicher immer schon gegeben. Sie war nur nie so präsent und visualisiert wie heute. Bei der Beurteilung der gefühlten steigenden Gewaltkriminalität
bleibt unbedingt zu berücksichtigen, dass in den letzten Jahren technische Fort-
schritte wie die Erfindung der Handykamera und die Möglichkeit Gewaltvideos auf
youtube zu verbreiten dazu beiträgt, dass Gewalttaten direkt in die Haushalte der
Gesellschaft projiziert werden, was das subjektive Empfinden einer steigenden Bedrohung durch Jugendkriminalität beeinflussen kann. Die messbare Realität ist daher nur durch Studien zu belegen.

*2.2 Die Polizeiliche Kriminalstatistik*

Seit 1987 führt das Bundeskriminalamt die Polizeiliche Kriminalstatistik (PKS).
Diese Statistik ist eine Ausgangsstatistik, d. h. dass in ihr nur Delikte erfasst werden, welche polizeilich bekannt wurden und zur Bearbeitung an die Staatsanwaltschaft abgegeben wurden[45]. Sie dient dazu, in Deutschland auftretende Kriminalität
zu beobachten und anhand ihrer kriminologisch-soziologischen Forschungser-
kenntnisse vorbeugende Maßnahmen zur Kriminalitätsbekämpfung zu entwickeln[46].
Dazu enthält die PKS insbesondere Angaben über Art und Zahl der erfassten Straftaten sowie Alter, Geschlecht, Nationalität und Merkmale der Tatverdächtigen.[47]
Bei der Interpretation der Zahlen ist ein wesentlicher Einflussfaktor zu berücksichtigen:

*„Die PKS erfasst nur das Hellfeld der Kriminalität. Das Dunkelfeld bleibt unberück-
sichtigt. Ändert sich über die Jahre beispielsweise das Anzeigeverhalten der Bevölkerung oder die Verfolgungsintensität der Polizei, kann sich die Grenze zwischen Hell-*

---

[45] Vgl. PKS 2009: S. 1
[46] Vgl. ebd.
[47] Vgl. ebd.

*und Dunkelfeld verschieben, ohne dass eine Änderung des Umfangs der tatsächlichen Kriminalität verbunden sein muss.* [48]

## 2.2.1 Analyse der Polizeilichen Kriminalstatistik mit Blick auf Gewaltdelikte

Die folgenden Daten stammen aus der PKS von 2009 und legen den Fokus auf Jugendkriminalität und Gewaltkriminalität.

Demnach wurden 2009 in Deutschland insgesamt 6.054.330 Straftaten registriert. Das bedeutet, dass 1,0 % weniger Straftaten gegenüber dem Vorjahr registriert wurden. Von dieser Gesamtkriminalität gehörten 208.446 Fälle in den Rahmen der Gewaltdelikte. Auch hier verzeichnet die Statistik ein Minus zum Vorjahr um 1,2 %. Unter den Tatverdächtigen waren 248.702 Jugendliche (Vorjahr 265.711) und 227.847 Heranwachsende (Vorjahr 237.190) [49]. In Relation zu allen Strafsachen verübten Jugendliche somit 11,4 % aller Straftaten, Heranwachsende 10,4 %. Hier ist erfreulicherweise zu erkennen, dass die Zahlen der Jugendlichen einen Rückgang um 4,4 % vermerken und Straftaten der Heranwachsenden einen Rückgang von 0,2 %. Im Rahmen der Gewaltkriminalität zeichnet sich ebenfalls ein erfreulicher Rückgang ab. Hier wurden im vergangenen Jahr 39.464 jugendliche Tatverdächtige registriert, wohingegen es im Vorjahr noch 43.574 waren.

Weiter geben die Zahlen der PKS preis, dass jugendliche Tatverdächtige in erster Linie Diebstahldelikte begehen (42,2 % der Gesamtdelikte) und die Anzahl der Körperverletzungen mit 24,2 % etwa ein Viertel der Gesamtdelikte ausmacht. Um nun Rückschlüsse darauf ziehen zu können, ob die Jugendkriminalität und Gewaltbereitschaft in Deutschland stetig zunimmt, empfiehlt sich ein Blick auf die Zahlen der PKS aus den vergangenen Jahren. Im Folgenden hat die Verfasserin daher eine Tabelle erstellt, mit welcher sie visualisiert, wie sich die Zahl der insgesamt erfassten Straftaten Jugendlicher und die Straftaten im Bereich der Gewaltdelikte (ebenfalls bei Jugendlichen) entwickelt haben. Die Zahlen stammen aus den PKS von 1993-2009:

---

[48] PKS 2009: S. 3
[49] Quelle: PKS 2009: S. 5

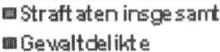

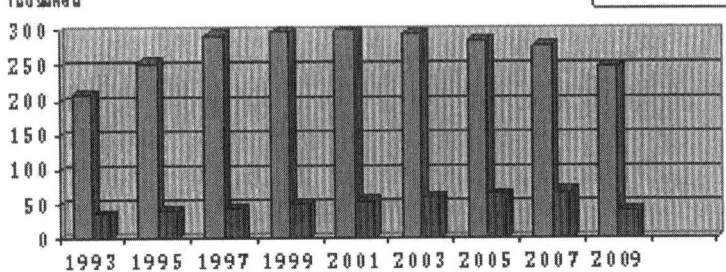

Wie in der Abbildung zu erkennen ist, haben Straftaten durch jugendliche Tatverdächtige insgesamt und die Anzahl der Gewaltdelikte seit 1993 stetig zugenommen. Der Höchststand der Straftaten insgesamt wurde 2001 registriert und ist seitdem rückläufig. Die Anzahl der begangenen Gewaltdelikte stieg ebenfalls stetig an und ist erstmals seit 2007 rückläufig. Um den Ausschnitt der Realität erweitern zu können, werden im Folgenden die Zahlen der beschriebenen Hellfeldstatistik um Zahlen einer repräsentativen Dunkelfeldstatistik ergänzt.

### 2.3 Forschungsbericht Nr. 107 des Kriminologischen Forschungsinstituts Niedersachsens

Baier et al. 2009 fassen im Forschungsbericht Nr. 107 mit dem Titel „Jugendliche in Deutschland als Opfer und Täter von Gewalt" Ergebnisse eines gemeinsamen Forschungsprojekts des Bundesministeriums des Inneren (BMI) und des Kriminologischen Forschungsinstituts Niedersachsens e.V. (KFN) zusammen[50]. Diese Studie stellt eine repräsentative Dunkelfeldforschung zum Thema Jugendkriminalität dar[51]. An den Erhebungen nahmen zwischen 1998-2008 insgesamt 44.610 Schüler im Durchschnittsalter von 15 Jahren aller Schulformen aus 61 repräsentativen Landkreisen bzw. kreisfreien Städten teil[52]. Sie wurden anonym befragt zu Gewalterfahrungen, die sie machten, und zu selbst ausgeführten Gewaltdelikten. Außerdem bezog das KFN Zahlen der gesetzlichen Unfallversicherung in ihrer Analyse mit ein. Da die Meldung von „Schulhofraufereien" eine versicherungspflichtige

---

[50] Vgl. Baier et al. 2009: S. 7
[51] Vgl. ebd.
[52] Vgl. ebd.

14

Obliegenheit ist, ist davon auszugehen, dass die Zahlen der gemeldeten Raufereien zuverlässig sind[53].

Eine wesentliche Erkenntnis des Projekts ist der tatsächliche Rückgang der von Jugendlichen begangenen Gewalttaten zwischen 1998 und 2008. So melden die gesetzlichen Unfallversicherer einen Rückgang der gemeldeten Schulhofraufereien um 31,3 %[54]. Auch die Befragungen der Jugendlichen ergeben einen Rückgang der Gewaltdelikte. Gaben 1998/99 noch zwischen 17 und 25 % der Jugendlichen an, selbst mindestens einmal eine Körperverletzung begangen zu haben, so waren es zwischen 2005 und 2008 nur noch zwischen 12 und 18 %[55]. Auch bestätigen die Befragungen der Jugendlichen, dass Körperverletzungen mit 11,7 % der Gesamtdelikte erst nach Sachbeschädigung (14,6 %) und Ladendiebstählen (13,3 %) stehen[56].

*2.4 Auswertung des Materials*

Die Zahlen der PKS zeigen insgesamt einen Anstieg der Jugendkriminalität in den letzten 16 Jahren mit jedoch leicht rückläufiger Tendenz seit 2001. Demnach ist die Anzahl der Gesamtkriminalität um 1,0 % gegenüber dem Vorjahr gesunken, die Anzahl der Gewaltdelikte sogar um 1,2 %. Insgesamt werden 21,8 % aller registrierten Straftaten von Jugendlichen und Heranwachsenden verübt, wobei es sich bei rund einem Viertel der Taten um Gewaltdelikte handelt. Inwiefern der demografische Wandel die sinkende Fallzahl beeinflusst, bleibt an dieser Stelle leider ungeklärt.

Auch die Zahlen des KFN zeigen einen Rückgang der erforschten Gewaltanwendung um 31,3 %. Hierbei ist jedoch zu beachten, dass für diese Erhebung Daten von Versicherungsgesellschaften herangezogen wurden und die rückläufige Tendenz der Gewaltanwendung sich daher lediglich auf Schulhöfe bezieht. Inwiefern die eventuelle Verbesserung der Schulsozialarbeit für diese Zahlen verantwortlich ist, wird nicht berücksichtigt. Jedoch ist auch hervorzuheben, dass die Anzahl der anonymen Selbstgeständnisse von Gewaltdelikten um 8 % gegenüber dem Vorjahr gesunken ist und diese Angaben nicht am Ende des Schulhofes ihre Grenzen finden.

---

[53] Vgl. ebd. S. 92
[54] Vgl. ebd.
[55] Vgl. ebd. S. 10
[56] Vgl. ebd.

Insgesamt ist ein Anstieg der Jugendkriminalität und der Jugendgewalt hingegen der medialen Berichterstattung statistisch nicht belegbar. Die (Medien-)Darstellung, Jugendkriminalität sei lediglich eine Erscheinung (oder gar ein Problem) der heutigen Generation, wird somit entkräftet. Auch heute noch erregen delinquente Jugendliche das Interesse der öffentlichen Mehrheit und geschäftstüchtige Medienvertreter wissen dieses Thema gehörig aufzuputschen. In Wahrheit stellen derart schwerwiegende Gewaltdelikte, wie im Fall Dominik Brunner, eher traurige Einzelfälle dar[57]. Typische Jugendkriminalität hingegen stellt eine normale Erscheinung unserer Gesellschaft dar[58]. In der Regel haben von Jugendlichen begangene Straftaten einen sogenannten Bagatellcharakter, was bedeutet, dass es sich bei den meisten Normbrüchen um weniger schwerwiegende Verstöße mit geringem Schaden handelt[59]. Besonders häufig kommt es zu einfachen Ladendiebstählen, Sachbeschädigung, Graffiti-Sprüherei, Leistungserschleichung und einfache Körperverletzung. Bei Gewaltdelikten handelt es sich meist um sogenannte Schulhofraufereien und Schlägereien nach Besuchen in der Diskothek in alkoholisiertem Zustand[60]. Diese Jugendkriminalität legen die meisten jungen Menschen mit dem Eintritt ins Erwachsenenalter (feste geregelte Arbeit, Gründung eigener Familie, etc.) wieder ab, selbst wenn kein Kontakt mit formellen Sanktionsorganen erfolgte. Dieses Phänomen wird von Kriminalpsychologen als Spontanbewährung bezeichnet[61]. Eine Erhöhung der Sanktionen im Bereich der Jugendkriminalität würde daher in vielen Fällen eher eine Überpädagogisierung darstellen und nicht dazu beitragen, Jugendkriminalität tatsächlich zu senken. Dennoch ist der Schaden und die öffentliche Unsicherheit, welche speziell von Gewaltdelikten hervorgerufen wird, nicht außer Acht zu lassen. Gerade der Schaden, der für die Opfer von Gewalttaten entsteht, ist kaum einzuschätzen und verdient eine intensive Konzeption präventiver Maßnahmen. Jedoch ist die Fokussierung auf das Jugendstrafrecht und die Forderung nach höheren Strafen für Jugendliche nicht der geeignete Ansatz. Zwar bewirkt die Androhung eines erhöhten Strafmaßes die Angst vor der Strafe, jedoch bietet sie keinerlei Hilfe und Unterstützung dabei, ein normkonformes Leben zu führen[62]. Wie in Kapitel 1 beschrieben ist es Aufgabe der Sozialen Arbeit und nicht der Justiz, straffällige Jugendliche zu (re-)sozialisieren. Daher scheint der Autorin eine Forderung nach Erhöhung der finanziellen und personellen Ressourcen für die

---

[57] Vgl. Göhling/Liebau 2007: S. 9
[58] Vgl. Baier et al. 2009: S. 14
[59] Vgl. ebd. S. 15
[60] Vgl. ebd. S. 8
[61] Vgl. ebd. S. 15
[62] Vgl. Knitsch/Auge 2009: S. 43

16

Soziale Arbeit im Bereich der Straffälligenhilfe sinnvoller. Um geeignete Angebote für betroffene Jugendliche konzipieren zu können, bedarf es einer Analyse der Entstehung von Jugendkriminalität im Rahmen der Gewaltdelikte. Da die Gründe für die Entstehung sehr vielfältig sind und den Rahmen dieser Arbeit sprengen würden, wird im weiterem Verlauf der Schwerpunkt auf die „Normalität" der Jugendkriminalität und soziale Einflussfaktoren gelegt[63].

---

[63] Ausgeklammert werden beispielsweise migrations-soziologische Einflussfaktoren sowie physische und psychische Erkrankungen (ADHS, Persönlichkeitsstörungen, Autismus, etc.) welche zu Aggression und Gewaltanwendung führen können.

# 3. Ausgewählte Gründe für Kriminalitäts- und Gewaltentwicklung im Jugendalter

Im Folgenden wird es darum gehen, Begriffe zu erläutern, um diese dann in Beziehung zur Kriminalitäts- und Gewaltentwicklung zu setzen. Dabei liegt der Fokus auf folgender Frage: Welchen gewaltfördernden Momenten sind Jugendliche im Laufe ihrer Entwicklung ausgesetzt und wodurch können diese zusätzlich verstärkt werden? Sicher sind die Gründe für die Entstehung von Kriminalität und der Anwendung von Gewalt so individuell wie die Lebensgeschichten, Schicksale und prägenden Erfahrungen der jeweiligen Jugendlichen. Statistisch belegbar ist jedoch, dass bestimmte Einflussgrößen in Zusammenhang mit der Kriminalitäts- und Gewaltentwicklung im Jugendalter stehen. Zu den größten Einflussfaktoren zählen die Adoleszenz, die beiden sozialen Faktoren Familie und Peergroup sowie der Bildungsgrad.

## 3.1 Adoleszenz und Ubiquität

Vorweg wurden bereits zwei wesentliche kriminologische Merkmale zur Jugenddelinquenz genannt: der Bagatellcharakter und die Spontanbewährung. Ein weiteres Merkmal ist die Ubiquität während der Adoleszenz.

Als Adoleszenz wird die Zeit bezeichnet, die Jugendliche brauchen, um sich mit der durch die Pubertät ausgelösten körperlichen, emotionalen und kognitiven Veränderung zu arrangieren und ihren eigenen Platz in der Gesellschaft zu finden. Der Unterschied zum Pubertätsbegriff besteht darin, dass die Adoleszenz einen kulturellen Einflussfaktor hat und somit in unterschiedlichen Kulturen verschiedene Erscheinungsformen haben kann[64]. Da jedes Individuum seinen eigenen Entwicklungsverlauf vollzieht, ist es nicht möglich, den genauen Zeitraum der Adoleszenz festzulegen. Als ungefähren Richtwert beschreibt Wischmann (2010) die Zeitspanne zwischen zwölf bis Anfang/Mitte zwanzig[65].

Mit Bezug auf Jean Piaget und Sigmund Freud beschreibt Wischmann (2010), dass sich während dieser Zeit wichtige emotionale und soziale Kompetenzen entwickeln, welche für das soziale Miteinander und die Gewaltprävention äußerst bedeutend sind: die Dezentrierung und die Autonomie[66]. Die Dezentrierung des Denkens ermöglicht es dem Menschen, Dinge aus einer anderen Perspektive zu be-

---

[64] Vgl. Schröder 2000: S. 32
[65] Vgl. Wischmann 2010: S. 34
[66] Vgl. Wischmann 2010: S. 34 f.

trachten, sich in die Situation eines anderen zu versetzen und daran das eigene Verhalten zu reflektieren. Auch das Hineinversetzen in Dritte gelingt durch die Dezentrierung. Zugleich wird das Denken abstrakter, sodass nicht lediglich Fakten reflektiert, sondern auch Möglichkeiten in Betracht gezogen und reflektiert werden können[67]. Diese kognitiv-emotionale Entwicklung ermöglicht es dem Menschen erst, Autonomie zu entwickeln. Eigenes Verhalten kann reflektiert, mit anderem verglichen, beurteilt und ggf. verändert werden. Erst diese Ausformung einer eigenen Identität ermöglicht autonomes Handeln[68]. Außerdem entwickelt der Jugendliche zu dieser Zeit wichtige individuelle und soziale Funktionen, welche er braucht, um sich in unserer Gesellschaft behaupten zu können. Ebenso muss er erstmals wichtige Entscheidungen treffen, welche sein späteres Erwachsenenleben beeinflussen (z. B. Wahl des (Aus-)Bildungsganges, Abnabelung vom Elternhaus)[69].

Die Lebensphase der Adoleszenz unterscheidet sich also besonders im kognitiven und emotionalen Empfinden qualitativ von der Kindheit aber auch vom Erwachsenenalter und stellt somit für das Individuum eine heikle Entwicklungsphase dar. Da diese Phase durch Trennungserfahrungen und neue Anforderungen gekennzeichnet ist, übersteht nicht jeder junge Mensch sie ohne Krise. Daher, so Wischmann, besteht für den jungen Menschen eine erhöhte Gefahr aus dem Gleichgewicht des Normalen zu geraten, was sich in Nonkonformität, oppositionellem und Risikoverhalten äußern kann[70]. An dieser Schnittstelle treffen sich die Anforderungen und Krisen der Adoleszenz mit der Kriminologie.

Mit der Adoleszenz steht in der Kriminologie der Begriff der Ubiquität in Verbindung. Der Wortherkunft nach bedeutet Ubiquität Allgegenwart, etwas Ubiquitäres ist überall verbreitet[71]. Im Zusammenhang der Jugendkriminalitätsforschung beschreibt der Begriff, dass Jugenddelinquenz unabhängig vom gesellschaftlichen Kontext oder historischen Zeitpunkt auftritt und dass im Jugend- und Heranwachsendenalter Verstöße gegen geltende Normen häufiger vorkommen als in anderen Lebensphasen[72]. Daher scheinen die mit der Adoleszenz verbundenen Entwicklungsaufgaben und delinquentes Verhalten strukturell miteinander verknüpft zu sein. Die Individualität eines jeden Jugendlichen berücksichtigt, fassen Raithel und Mansel (2003) mit Blick auf die Entwicklungsaufgaben der Adoleszenz einige häufige Gründe für Kriminalitäts- und Gewaltentwicklung im Jugendalter zusammen:

---

[67] Vgl. ebd. S. 35
[68] Vgl. ebd.
[69] Vgl. ebd. S. 32 f.
[70] Vgl. ebd. S. 41
[71] Vgl. Dudenredaktion 2001: S. 1020
[72] Vgl. Skepenat 2000: S. 101

- Während der Adoleszenz befindet sich die Identität eines Menschen noch in dessen Entwicklung. Persönliche Werte, Normen und Tugenden sind noch nicht gefestigt, sondern bilden sich erst aus;
- Bevormundung und mangelnde Beteiligung an Entscheidungen wird während der Adoleszenz weniger hingenommen, was zu vermehrtem oppositionellen Verhalten führen kann;
- Durch das Fehlen eines gefestigten Selbstbildes können Jugendliche eher „Opfer" von Stigmatisierungen und Etikettierungen werden;
- Ebenfalls im Zusammenhang mit dem Fehlen einer ausgereiften Persönlichkeit steht die Tatsache, dass Jugendliche auf der Suche nach ihrem Platz in der Gesellschaft durch Mutproben und Selbstdarstellung um Anerkennung ringen;
- Weiter sind Empathie und die Fähigkeit, Folgen und Risiken des eigenen Handelns zu reflektieren, noch nicht voll ausgereift;
- Regeln und Grenzen des gesellschaftlichen Miteinanders werden während dieses Entwicklungsschrittes ausgetestet. Nur durch dieses Austesten erhalten Jugendliche die Möglichkeit, sich dem Wirken ihres Handelns bewusst zu werden und neue Handlungsstrategien und soziale Kompetenzen zu erwerben;
- Der Wunsch nach der Abgrenzung von der Welt der Erwachsenen ist während der Adoleszenz besonders hoch. Daher verbinden Jugendliche oft das Abweichen von Normen mit Spaß[73].

Zu den üblichen Delikten während der Adoleszenz zählen – wie bereits erwähnt – einfache Ladendiebstähle, Graffiti-Sprüherei, Sachbeschädigungen, Leistungserschleichungen und einfache Körperverletzungen. Ist das Auftreten dieses normbrechenden und oppositionellen Verhaltens lediglich auf die oben genannten Gründe zurückzuführen, sind sie in unserem gesellschaftlichen Kontext als normal zu betrachten und werden in den meisten Fällen mit der beschriebenen Spontanbewährung enden. Als Schutzfaktoren gegen die Manifestierung abweichenden Verhaltens bei Jugendlichen in der Adoleszenz beschreiben Petermann und Petermann (2007):

- Erfahrene Selbstwirksamkeit;
- Emotionale und soziale Kompetenzen;
- Intaktes, zufriedenstellendes Familienleben;

---

[73] Vgl. Raithel und Mansel 2003: S. 15

- Gemeinsame Unternehmungen im Familienbündnis;
- Unterstützung durch Peergroups;
- Vielfältige, positive Vorbilder;
- Klare, positive Verhaltensziele;
- Soziale und moralische Werteorientierung[74].

Als Risikofaktoren, welche die Bewältigung der Aufgaben der Adoleszenz erschweren können, nennen Petermann und Petermann (2007):

- Früh einsetzende Pubertät;
- Massive Konflikte im Elternhaus;
- Widrige Familienverhältnisse;
- Belastende Lebensereignisse;
- Selbstregulationsprobleme;
- Psychische Störungen;
- Entwicklungs-, Verhaltensstörungen;
- Mangelndes Soziales Netz;
- Unfähigkeit Hilfe zu aktivieren[75].

## 3.2 Der Einfluss der Familie

Eine einheitliche Definition für den Begriff Familie fällt selbst der Wissenschaft schwer. Zu unterschiedlich sind die Konstellationen familiären Zusammenlebens, die von den einzelnen Mitgliedern der jeweiligen Familie als solche definiert werden[76]. So stellt die klassische Vater-Mutter-Sohn-Tochter Konstellation eine Familie dar, ebenso wie eine alleinerziehende Mutter mit einem Kind, aber auch ein kinderloses Ehepaar. Auch weiter gefasste Konstellationen, welche die gesamte Verwandtschaft mit einbeziehen, werden als Familie definiert. Ein Familiensystem könnte beispielsweise ausmachen, dass die Mitglieder der Familie mehr miteinander reden als mit Außenstehenden, dabei dieselbe Sprache und Sprachstilrichtung benutzen, dass sie einander intensiver wahrnehmen, sich umsorgen und beschützen und dass sie materielle Ressourcen wie Wohnung, Kleidung und Nahrung mitein-

---

[74] Vgl. Petermann/Petermann 2007: S. 19
[75] Vgl. ebd.
[76] Vgl. Kreft/Mielenz 2005: S. 269 f.

ander teilen. Zwischen den einzelnen Mitgliedern des Ganzen finden rege Interaktionsprozesse statt, welche sich auch als Beziehungsregeln verstehen lassen[77].

Kinder werden, besonders in ihren ersten Lebensjahren, bedeutend durch ihre Familien geprägt und sozialisiert. Dies scheint auch mit der Entwicklung delinquenten Verhaltens in Zusammenhang zu stehen. So finden sich im familiären Hintergrund straffälliger Jugendlicher gehäuft familiäre Schwierigkeiten, Gewalt und Armut[78]. Neben dem individuellen Temperament und der Resilienz bzw. Vulnerabilität eines jeden Einzelnen ist dessen Familie als größter Einflussfaktor auf die Entwicklung eines jungen Menschen zu sehen[79]. Bei der Betrachtung der Lebensläufe von Mehrfachkriminellen und Gewalttätern tauchen immer wieder ähnlich klingende Sachverhalte auf. Sozialwissenschaftler, Soziologen und Psychologen sind sich einig, dass bestimmte Erziehungsstile, Eltern-Kind-Beziehungen und Familiensituationen die Entstehung dissozialen Verhaltens und die Entwicklung von Kriminalität begünstigen können. So gilt als Risikofaktor ein zurückweisender, bestrafender, inkonsistenter, restriktiver und gewalttätiger Erziehungsstil, welcher die kognitive, emotionale und soziale Entwicklung eines Kindes deutlich negativ beeinflussen kann[80].

Retrospektiv liegen bei der absoluten Mehrheit jugendlicher Straftäter in der Vorgeschichte Misshandlungen vor[81]. Diese durch die Eltern verübte physische Gewalt hat zur Folge, dass den Kindern/Jugendlichen vermittelt wird, die Anwendung von Gewalt sei ein legitimes Mittel zur Zielerreichung. Zusätzlich erlernen betroffene Kinder/Jugendliche meist keine anderen/angemessenen Konfliktlösestrategien, da gewaltanwendende Eltern meist selbst über ein sehr eingeschränktes Repertoire von Konfliktlösestrategien verfügen[82]. Weiter verfügen misshandelte Kinder meist über eine eingeschränkte Empathiefähigkeit, niedrige Frustrationstoleranz sowie einen geringen Selbstwert. Der geringe Selbstwert kann die Aggressionsbereitschaft sowie das Interesse an riskanten Freizeitaktivitäten verstärken, was wiederum die Wahrscheinlichkeit von gewalttätigen und kriminellen Verhaltensweisen erhöht[83].

Die Anwendung von Gewalt gegenüber den eigenen Kindern soll vermehrt in angespannten sozioökonomischen Lebenslagen auftreten bzw. in sozial benachtei-

---

[77] Vgl. Oswald 1988: S.10
[78] Vgl. Nix 1993: S. 28
[79] Zumindest vor der Adoleszenz. Danach üben Freunde meist den größten Einfluss aus, siehe dazu 3.3.
[80] Vgl. Raithel/ Mansel 2003: S. 26
[81] Vgl. Taubner 2008: S. 109
[82] Vgl. ebd.
[83] Vgl. Dünkel et al. 2008: S. 95

ligten Familien, jedoch findet hier die Dunkelfeldquote keine Berücksichtigung. Als innerfamiliäre Risikofaktoren gelten jedoch: Armut, Arbeitslosigkeit, Migrationshintergrund, ungünstiges Wohnungsumfeld, Alkohol- und/oder Drogenproblematik eines Erziehenden[84].

Keinesfalls dürfen die oben genannten familiären Bedingungen und die Entwicklung von gewalttätigem und kriminellem Verhalten als Kausalität betrachtet werden. Auch aus unauffälligen Familien stammen straffällige Jugendliche und Jugendliche aus auffälligen Familien schaffen es, ein rechtschaffenes Leben zu führen.

## 3.3 Der Einfluss der Peergroup

In der Sozialforschung wird mit dem Begriff Peergroup eine selbstinitiierte Gruppe von Gleichaltrigen beschrieben[85]. Während der Adoleszenz wird als größter Einflussfaktor auf einen jungen Menschen dessen Familie durch dessen Peergroup abgelöst. Laut einer Untersuchung von Harring (2010) verbringen Jugendliche nach Musikhören ihre Zeit am liebsten damit, Freunde zu treffen[86]. Dadurch lösen Jugendliche sich vermehrt vom Sozialisationseinfluss ihrer Eltern und Erzieher und beginnen, ihre Persönlichkeit im Kontakt mit Gleichaltrigen, welche nicht den Erfahrungs- und Kompetenzvorsprung von Erwachsenen haben, zu formen[87]. Meinungen und Ansichten, die aus Respekt und Furcht gegenüber der elterlichen Autorität unterdrückt werden, können in der Gruppe Gleichaltriger spielerisch im Interaktionsprozess erprobt und gefestigt werden. Da sich die Rollenmuster innerhalb der Peergroup deutlich von den Rollenmustern innerhalb der Familie unterscheiden, ist der Jugendliche während der Zeit der Adoleszenz viel stärker der sozialen Realität ausgesetzt. Er erhält die Möglichkeit, sich aus seiner sozialen Rolle als Kind zu lösen und entwickelt sich zu einer eigenständigen sozialen Persönlichkeit[88]. Diese eigenständige Persönlichkeit erprobt und erlernt in der Gruppe Gleichaltriger, welche Auswirkungen sein Handeln auf andere hat und erfährt somit soziale Fertigkeiten und Prozesse unserer Kultur[89]. Daher geben Gleichaltrige der Peergroup während dieser Zeit eine wesentliche Orientierungshilfe auf der Su-

---

[84] Vgl. ebd. S. 25
[85] Vgl. Wetzstein et al. 2005: S. 19.
[86] Vgl. Harring 2010: S. 28. In: Harring et al.
[87] Vgl. Krappmann 2010: S. 187. In: Harring et al.
[88] Vgl. ebd.
[89] Vgl. Wetzstein et al. 2005: S. 20

che nach der Ich-Identität und dem gesellschaftlichen Status. Durch die Erfahrung der Anerkennung durch Gleichaltrige erhalten Jugendliche während dieser Zeit eine Stärkung ihres Selbstwertgefühls[90]. Wetzstein et al. beschreiben die Zugehörigkeit zu einer Peergroup außerdem als einen wichtigen Faktor für psychische Gesundheit. Sie beschreiben, dass Jugendliche, welche Ablehnung durch Gleichaltrige erfahren, später besonders mit psychosozialen Belastungen zu kämpfen haben, weniger in der Lage sind, Beziehungen zu anderen Menschen aufzubauen und einem höheren Risiko unterliegen, selbst Opfer von Gewalt zu werden[91]. Dadurch erhält das Eingehen und Aufrechterhalten von Freundschaften während der Adoleszenz entwicklungspsychologisch betrachtet eine besonders bedeutende Funktion, was dazu führt, dass Jugendliche während dieser Phase sehr offen für Freundschaften sind[92]. In der Interaktion der Peergroup kann es somit gegenseitige Angleichung, Konformität und Loyalität gegenüber den Mitgliedern geben, wozu auch eine Einhaltung der Gruppennormen zählt[93]. Dies bewirkt so lange eine positive Entwicklung der einzelnen Peermitglieder, wie sich die Gruppenaktivitäten im Legalbereich bewegen. Jedoch ist die Wahrscheinlichkeit, dass ein Jugendlicher strafbare Handlungen vollzieht, umso höher, je höher die Zahl der delinquenten Mitglieder innerhalb der Peergroup ist[94]. So ergeben Zahlen der Dunkelfeldstudie des KFN, dass 74 % aller begangenen Körperverletzungen im Beisein mindestens einer weiteren Person begangen wurden[95]. Baier et al. (2010) nennen besonders zwei Erklärungsansätze für das vermehrte Auftreten delinquenten Verhaltens innerhalb der Gruppe:

Zum einen nennen sie die Bedeutung der Einstellung zu delinquentem Verhalten innerhalb der Peergroup[96]. Ist das Verhalten innerhalb der Peergroup als normabweichend zu beschreiben, ist davon auszugehen, dass normabweichendes Verhalten einzelner Mitglieder positiv konnotiert und somit verstärkt wird. Außerdem beschreiben sie die Entstehung delinquenten Verhaltens auf der Basis von Imitation. D. h. verhalten sich Vorbilder innerhalb der Peergroup delinquent und wird ihr Verhalten positiv sanktioniert und verschafft ihnen Anerkennung, ist die Wahrscheinlichkeit der Imitation des normabweichenden Verhaltens ebenfalls hoch[97].

---

[90] Vgl. Bauer/ Mohrenfels 1998: S. 40
[91] Vgl. Wetzstein et al. 2005: S. 21 f.
[92] Vgl. Baier et al. 2010: S. 310. In: Harring et al.
[93] Vgl. Bauer/ Mohrenfels 1998: S. 40
[94] Vgl. Baier et al. 2009: S. 81
[95] Vgl. Baier et al. 2010: S. 309. In: Harring et al.
[96] Vgl. ebd. S. 311 f.
[97] Vgl. ebd.

Als ein zusätzliches Risikopotential für die Entstehung delinquenten Gruppen-verhaltens sehen Baier et al. das unter den Jugendlichen beliebte Abhängen. Be-sonders Jugendliche, deren Eltern nicht die wirtschaftlichen Mittel aufbringen kön-nen, um ihre Kinder in Vereinen und Kursen anzumelden und Jugendliche, die zu Hause Gewalt erleben, präferieren die Freizeitgestaltung des Rumhängens und so-mit eine Sozialisation auf der Straße[98]. Peergroups, die sich weniger in Sportverei-nen, Jugendzentren und dergleichen aufhalten, entziehen sich vermehrt der Kon-trolle und Anleitung durch Erwachsene. Durch fehlende Beschäftigungsmöglich-keiten scheinen diese Jugendlichen offener für Aktivitäten, die Abwechslung und Spannung versprechen, welche sich nicht im Legalbereich bewegen[99].

## 3.4 Der Einfluss des Bildungsgrades

In der Sozialen Arbeit geht der Begriff Bildung auf den neuhumanistischen Bil-dungsbegriff Wilhelm von Humboldts zurück (Beginn 19. Jahrhundert). In diesem Kontext versteht sich Bildung als Mittel zur Aufklärung und als Mittel zur nützli-chen Integration aller Individuen in unsere Gesellschaft[100]. In der Sozialen Arbeit geht es jedoch nicht darum, das Individuum durch Bildung auf dessen Funktionali-tät zu reduzieren, sondern es durch Bildung zum selbstständigen Handeln zu erzie-hen und somit dessen Unabhängigkeit von hierarchischer, strukturierter sowie insti-tutionalisierter Erziehung zu fördern[101]. Das Medium der Bildung ist die Sprache. Mangelnde Bildung kennzeichnet sich dadurch auch anhand mangelnder Sprach-kompetenz. Weidner und Gall (2003) beschreiben, dass besonders in der Arbeit mit Mehrfachgewalttätern deutlich wird, dass diese außer einem breiten Repertoire an Schimpfwörtern keine weiteren Varianten der verbalen Konfliktlösekompetenzen aufzeigen[102].

*„Die Kompetenz zum Handeln und insbesondere auch zum interaktiven und kommu-nikativen Handeln ist Voraussetzung dafür, dass sich ein Mensch mit den Erfor-dernissen und Anforderungen der Umwelt arrangieren und dabei die eigenen Motive, Bedürfnisse und Interessen berücksichtigen und einbringen kann."[103]*

---

[98] Vgl. Moeckl 1992: S. 8
[99] Vgl. Baier et al. 2010: S. 313 f. In: Harring et al.
[100] Vgl. Wischmann 2010: S. 43
[101] Vgl. ebd.
[102] Vgl. Weidner/Gall 2003: S. 16
[103] Hurrelmann 2001: S. 76

Jugendliche, die in Bezug zu diesem Bildungsbegriff Mängel oder Schwächen aufzeigen, neigen eher zur Entwicklung von gewalttätigem und delinquentem Verhalten. Daher wird im Forschungsbericht Nr. 107 des KFN beschrieben, dass sich die Verbesserung der Bildungschancen für junge Menschen präventiv gegen die Entwicklung von Gewalt und Kriminalität auswirkt[104]. Dies schlussfolgern sie aus ihrer Schülerbefragung, aus welcher hervorgeht, dass 18,7 % der befragten Förderschüler zugaben, in den letzten zwölf Monaten Körperverletzung begangen zu haben. Unter den Hauptschülern gaben 17 % dies zu, bei Gesamtschülern 12,8 % und unter den Realschülern 11,7 %. Der Anteil unter den Gymnasiasten und Waldorfschülern lag mit 6,7 % deutlich niedriger[105]. Sicher sind die Gründe für die Entstehung von Gewalt durch mangelnde Bildung nicht als monokausale Angelegenheit zu betrachten, dennoch lassen sich einige Risikofaktoren bestimmen:

Der Druck, welchen Wirtschaft, Industrie und Handel mithilfe unseres neoliberalen Systems ausüben, führt dazu, dass Schulkinder schon früh enormem Leistungsdruck ausgesetzt sind. Geistige und soziale Fächer geraten in den Hintergrund und werden teilweise zu Wahlfächern deklassiert, während die zentralen Fächer Mathe, Deutsch, Englisch und Wirtschaft an Bedeutung gewinnen[106]. Politische Entscheidungen, wie die Verkürzung des Abiturs, erhöhen den Leistungsdruck zusätzlich. Aus unterschiedlichen physischen, psychischen oder psychosozialen Gründen können oder wollen einzelne Schüler diesem Druck nicht gerecht werden und geraten dadurch ins soziale Abseits. Wut auf die Schule und Distanz zur Bildung kann dann zu renitentem und oppositionellem Verhalten führen, welches der Straffälligkeit vorgelagert ist[107]. Die Konfrontation mit dem eigenen Versagen kann schon früh zu der Entstehung von Perspektiv- und Erfolglosigkeit führen. Die daraus resultierende Frustration begünstigt die Entstehung von aggressivem Verhalten zusätzlich[108]. Im weiteren Lebenslauf führt in unserer Leistungsgesellschaft mangelnde Bildung zu schlechteren Chancen auf dem Ausbildungs- und Arbeitsmarkt und somit zur Arbeitslosigkeit. Empirische Befunde belegen, dass Zeiten erhöhter Jugendarbeitslosigkeit einen Anstieg der Jugendkriminalität mit sich bringen[109]. Dreßel (2007) ergänzt dazu, dass der Zugang zum Ausbildungs- und Arbeitsmarkt einen hohen Stellenwert in der Resozialisierung jugendlicher Straftäter aufweist[110].

---

[104] Vgl. Baier et al. 2009: S. 12
[105] Vgl. ebd. S. 66
[106] Vgl. Rupp/Knoll 2007: S. 65 f.
[107] Vgl. ebd.
[108] Vgl. ebd. S. 67 f.
[109] Vgl. Albrecht 1987: S. 41. In: Münder et al.
[110] Vgl. Dreßel 2007: S. 114

26

Ein Grund für das vermehrte Auftreten von delinquentem Verhalten in bildungsfernen, von Arbeitslosigkeit betroffenen Schichten stellt sicherlich das Fehlen finanzieller Mittel und der somit unbefriedigende Zugriff auf materielle Ressourcen dar. Diese Erklärung berücksichtigt jedoch eher die Entstehung von Eigentumsdelikten und Raubdelikten, als die von Gewaltdelikten, bei denen der rechtswidrige Erwerb einer materiellen Ressource keine Rolle spielt. In diesem Zusammenhang bezeichnen Oser und Düggeli in einem Forschungsbericht von 2008 soziale Konflikte und Auseinandersetzungen als ein Mittel zur Erreichung von Anerkennung. Sie begründen dies darin, dass besonders minderqualifizierte Menschen es in unserer automatisierten und rationalisierten Gesellschaft schwer haben, sich diese über Leistung zu verschaffen[111]. Weiter beschreiben sie, dass Jugendliche, die aufgrund geringer kognitiver Voraussetzungen keine Lehrstelle finden und arbeitslos werden, an Selbstzweifeln und mangelnder Selbstständigkeit leiden. Dies wiederum kann zu Frustration und Aggression führen[112]. Da diese Jugendlichen durch ihre Arbeitslosigkeit aus einem gewissen Teil der Gesellschaft ausgestoßen sind, finden sie sich vermehrt mit Gleichgesinnten zusammen, was die Entstehung von Gruppen, in denen Gewalt als Mittel zur Erreichung von Anerkennung akzeptiert wird, begünstigt[113].

## 3.5 Bemerkung zur Entstehung von Mädchengewalt

Mädchen, die offen physische Gewalt anwenden, haben laut Matthies (2011) im Laufe ihrer Sozialisation meist drei Merkmale gemein:

1. Sie haben im Laufe ihres Lebens häufiger Bruchsituationen erlebt, welche zu fehlender Selbstsicherheit führten;
2. Sie waren selbst massiven Gewalterlebnisse ausgesetzt;
3. Sie weisen geringere schulische Qualifikationen und fehlende Ausbildungschancen auf, was ihnen vermehrt das Gefühl gibt, am Rande der Gesellschaft zu stehen[114].

Diese drei Merkmale finden sich in den eben erläuterten Umständen wieder, was Schlussfolgerungen darauf zulässt, dass die hier erwähnten Gründe für die Entste-

---

[111] Vgl. Oser/Düggeli 2008: S. 12
[112] Vgl. ebd. S. 19
[113] Vgl. ebd.
[114] Matthies 2011: S. 212. In: Weidner/Kilb

hung von Gewalt und Kriminalität geschlechtsunabhängig zu betrachten sind. Da mehr junge Männer als Frauen in Zusammenhang mit Gewaltdelikten stehen, konzentrieren sich große Teile der Gewaltforschung auf die Frage, welche Faktoren Mädchen weniger gewaltbereit machen als Jungen[115]. Als Gründe dafür beschreiben u. a. Bruhns und Wittman (2002), dass die Projektion geltender Geschlechterrollenstereotype auf Mädchen dazu führt, dass diese für aggressives Verhalten viel früher und intensiver sanktioniert werden als Jungen[116]. Auch beschreiben sie, dass Mädchen weniger Gelegenheit zu delinquentem Verhalten hätte, da sie unter stärkerer Beaufsichtigung ständen als ihre männlichen Altersgenossen[117]. Ontologische und biologische Interpretationsmodelle zur Frage nach der Entstehung von Mädchengewalt mussten den eben genannten rollen- und sozialisationstheoretischen Interpretationen längst weichen[118]. Basierend auf der Annahme, dass Mädchen Aggression ebenso empfinden wie Jungen, diese jedoch häufiger unterdrücken, bleibt festzuhalten, dass die Gründe für die Entstehung von gewaltbereitem Verhalten unter Mädchen in den selben Sozialisationsbedingungen zu finden sind, wie die der Jungen. Der Anstieg der Mädchengewalt ist lediglich auf die Veränderung weiblicher Rollenbilder (Emanzipation), die zunehmende Berufstätigkeit von Frauen und den damit verbundenen öffentlichen Druck sowie auf die Auflösung frauenbenachteiligter Geschlechterhierarchien zurückzuführen[119].

*3.6 Zusammenfassung*

Im Entwicklungsverlauf eines jeden Kindes/Jugendlichen treten Momente auf, welche die Entstehung von Kriminalität und Gewalt begünstigen können. So ist beispielsweise die Adoleszenz oft verknüpft mit oppositionellem Verhalten, welches der Jugendliche benötigt, um u. a. eigene Werte, Normen und Tugenden zu entwickeln. Auch die Sozialisation in der Familie gilt als hoher Einflussfaktor. Hier werden besonders innerfamiliäre Probleme, Armut, Gewalt und zurückweisende/strafende Erziehungsstile als kriminalitäts- und gewaltfördernd benannt. Des Weiteren können Werte und Verhaltensweisen innerhalb der Peergroup ein Risiko darstellen, sobald sich der Betroffene im „falschen Freundeskreis" bewegt. Da an Förder- und Hauptschulen bedeutend mehr Gewalt ausgeübt wird als an Realschu-

---

[115] Vgl. Simon 2009: S. 15
[116] Vgl. Bruhns/Wittmann 2002: S. 14
[117] Vgl. ebd.
[118] Vgl. ebd. S. 15
[119] Vgl. ebd. S. 16

len und Gymnasien, wird auch mangelnde Bildung, die daraus resultierenden mangelnden verbalen Kompetenzen, Misserfolgserlebnisse, fehlende Anerkennung und Perspektiven als Risikofaktor bei der Entstehung von Kriminalität und Gewalt betrachtet.

## 4. Politische und pädagogische Präventionsmaßnahmen

In diesem Kapitel werden Maßnahmen der Prävention von Entstehung kriminellen und gewalttätigen Verhaltens vorgestellt. Dazu wird im Zusammenhang mit der Darlegung politischer Präventionsstrategien reflektiert, wessen Handlungsgebiet die Planung dieser präventiven Maßnahmen betrifft. Des Weiteren werden bestehende Präventionskonzepte der Sozialen Arbeit vorgestellt.

### 4.1 Politische Strategien

Abweichendes Verhalten in Form von Kriminalität ist immer im juristischen Kontext zu betrachten, denn erst durch mehrere soziale Instanzen werden bestimmte Formen des Verhaltens (z. B. Gewalt) auf gesetzlicher Grundlage kriminalisiert[120]. Als traditionelle und moderne Form der Prävention im juristischen Kontext wurde 1998 die Diversion eingeführt[121]. Die Verschärfung des Jugendstrafrechts, sei es durch die Herabsetzung des Alters der Strafmündigkeit oder die Einweisung in geschlossene Erziehungsheime, stellt ein häufig diskutiertes Thema zur Kriminalprävention dar[122]. Dies kann sich, beruhend auf der Annahme, dass alleine die Angst vor Sanktionen Jugendliche nicht von der Begehung von Straftaten abhält, nicht durchsetzen. Wie aus dem vorigen Kapitel hervorgeht, liegen die Gründe für die Entstehung von kriminellem und gewalttätigem Verhalten, in den Sozialisationsbedingungen, unter denen die betroffenen Jugendlichen aufgewachsen sind. Wie die Analyse der Systemlogiken Strafrecht und Soziale Arbeit ergeben hat ist die präventive Beeinflussung dieser Bedingungen nicht durch das Strafrecht möglich, sondern durch den gezielten Einsatz nachhaltiger Maßnahmen der Sozialen Arbeit. Auf diese Erkenntnis reagiert die Bundesregierung mit der Einführung des Bundeskinderschutzgesetzes, welches im März 2011 vom Kabinett verabschiedet wurde und im Januar 2012 in Kraft treten wird[123]. Dieses Gesetz soll durch Prävention und Intervention den Schutz der Kinder stärken und Sozialisationsbedingungen verbessern[124]. Dies soll durch die Einführung sozialer Frühwarnsysteme und den Ausbau früher Hilfen und niederschwelliger Angebote erreicht werden[125]. Basie-

---

[120] Vgl. Zwick 2002: S. 171. In: Unsere Jugend 54/2002
[121] Vgl. ebd. S. 172
[122] Vgl. ebd.
[123] Vgl. www.bmfsfj.de
[124] Vgl. ebd.
[125] Vgl. ebd.

rend auf der Hoffnung, dass diese politische Initiative mehr belastete Eltern erreicht und diese dadurch in ihren Erziehungskompetenzen gefordert und gefördert werden, stellt sie eine nachhaltigere Strategie dar als die Verschärfung des Jugendstrafrechts.

## 4.2. Strategien der Sozialen Arbeit

Selbstverständlich reagiert die Soziale Arbeit nicht erst seit kurzer Zeit auf die beschriebenen Risikofaktoren für die Entstehung von Kriminalität und Gewalt, sodass zahlreiche Präventionsmaßnahmen bereits konzipiert wurden. Dabei beschreibt der Begriff Prävention Konzepte, Maßnahmen und Programme, welche dazu dienen, Normalzustände in unserer Gesellschaft zu erzeugen oder zu stabilisieren[126]. Die Definition von Normalzuständen gilt in Bezug auf den stetigen gesellschaftlichen Wandel als kritisch. Dennoch orientiert sich die Prävention in der Sozialen Arbeit an sozialem Verhalten, welches kollektiv abgelehnt wird (z. B. Gewalt). Die zeitbezogene Kategorisierung stellt den gängigsten Systematisierungsversuch präventiven Handelns dar, welche den Zeitpunkt der präventiven Aktivität kennzeichnet. Dabei wird unterschieden in primärer, sekundärer und tertiärer Prävention[127]:

Da besonders Jugendliche, welche in ihrem Elternhaus selbst Gewalt erleben, ein erhöhtes Risiko für die Entwicklung delinquenten Verhaltens aufweisen, ist eine Früherkennung prekärer Familiensituationen und die Installation von Hilfen zur Erziehung eine gute Möglichkeit, den Teufelskreis der Gewalt zu durchbrechen. Mit Unterstützung der Familienhilfe soll den Eltern ihr schädigendes Verhalten vor Augen geführt, über Handlungsalternativen nachgedacht und alternative Verhaltensweisen eingeübt werden. Folgende Präventionsprogramme aus dem Bereich der Primärprävention zielen darauf ab, Erziehende in ihren Handlungs- und Konfliktlösekompetenzen zu fördern sowie Kinder zu starken und selbstkompetenten Persönlichkeiten zu erziehen. Dazu werden vorhandene Ressourcen herausgearbeitet, welche langfristig die Gewaltbereitschaft verringern sollen[128]:

---

[126] Vgl. Kreft/Mielenz 2005: S. 656
[127] Vgl. ebd. S. 657
[128] Vgl. Schaller 2005: S. 14

31

| Name/Autor | Inhalt | Zielgruppe |
|---|---|---|
| Triple P (Positive Parenting Program)<br><br>www.triplep.de | Prävention von oppositionellem und aggressivem Verhalten bei Kindern | Programm für Eltern von Kindern zwischen ca. 3 und 9 Jahren |
| Gewaltfreie Kommunikation<br><br>www.gewaltfrei.de | Konflikttraining auf Basis personenzentrierter Gesprächsführung | Kinder, Jugendliche und Erwachsene |
| Papilio<br><br>www.papilio.de | Förderung der sozial-emotionalen Kompetenz | Kindergartenkinder |

129

Auch im Rahmen der Sekundärprävention finden sich einige spezielle Trainingsprogramme für Risikogruppen, welche bereits direkt oder indirekt von Gewalterfahrungen betroffen sind. Hier ist das übergeordnete Ziel, die Anwendung von Gewalt zu verringern[130]:

| Name/Autor | Inhalt | Zielgruppe |
|---|---|---|
| Autorität ohne Gewalt | Einübung von gewaltloser Konfliktlösung in Erziehungssituationen | Eltern und Erziehende von sich aggressiv verhaltenden Kindern und Jugendlichen |
| Peacemaker<br><br>www.k2-publisher.com | Streitschlichter-Programm für Schulen | Schüler von 7 bis 18 Jahren |
| Fit for Life | Lösung von Motivations- und Verhaltensproblemen durch kognitives und soziales Fertigkeitstraining | Jugendliche zwischen 13 und 20 Jahren |

---

[129] Vgl. Schaller 2005: S. 14 f.
[130] Vgl. ebd.

| Thop Programm | Therapieprogramm für Kinder mit hyperkinetischem und oppositionellem Verhalten | Kinder zwischen 3 und 12 Jahren sowie deren Eltern und Erziehende |
|---|---|---|
| Faustlos<br><br>www.faustlos.de | Vermittlung emotionaler Kompetenzen wie Empathie, Impulskontrolle und Frustrationstoleranz | Schulkinder zwischen 6 und 10 Jahren |

[131]

Ebenfalls im Bereich der Tertiärprävention, also wenn anti-soziales und aggressives Verhalten vermehrt und konstant auftritt, haben sich einige Trainingsprogramme für Kinder, Jugendliche und deren Erziehende etabliert[132]:

| Name/Autor | Inhalt | Zielgruppe |
|---|---|---|
| Training mit aggressiven Kindern | Methoden der Kinderverhaltenstherapie i.V.m. Konzepten der Familienberatung | Kinder zwischen 7 und 13 Jahren sowie deren Erziehende |
| ABPro (Aggressions-Bewältigungs-Programm)<br><br>www.drdutschmann.de | Fortbildung zur Frage, wie sich aggressives Verhalten steuern und beeinflussen lässt | Therapeuten, Psychologen, Lehrer, Erzieher und Ärzte im Umgang mit hoch aggressiven Kindern |
| Psychodrama-Gruppentherapie mit aggressiven Kindern bzw. Schülern | Förderung der Beziehungs- und Konfliktlösefertigkeit durch psychodramatisches Symbolspiel | Kinder in Kindergärten und Schulen sowie deren Erzieher und Lehrer |
| AAT (Anti-Aggressivitäts-Training) und Coolness-Training | Konfrontative Behandlungsmaßnahme für gewalttätige Wiederholungstäter | Jugendliche ab 14 Jahren |

[133]

---

[131] Vgl. ebd.
[132] Vgl. ebd. S. 14

*4.3 Zusammenfassung*

Der Schlüssel zur Prävention von kriminellem und gewalttätigem Verhalten liegt nicht in der Verschärfung des Jugendstrafrechts. Vielmehr sind nachhaltige Maßnahmen, welche die Sozialisationsbedingungen von Kindern und Jugendlichen langfristig verändern, erfolgsversprechend. Eine politische Handlungsstrategie stellt das Bundeskinderschutzgesetz dar, welches im Januar 2012 in Kraft treten wird und das Ziel verfolgt, durch Prävention und Intervention den Schutz der Kinder zu stärken. Dieses Ziel verfolgen auch bereits bestehende Präventionskonzepte der Sozialen Arbeit. Durch gezielte Angebote im Bereich der Primär-, Sekundär- und Tertiärprävention sollen Eltern in ihren Handlungs- und Konfliktlösekompetenzen gefördert werden, sollen Risikogruppen gezielt Unterstützung erfahren und bereits bestehendes, aggressiv-dissoziales Verhalten korrigiert werden.

---

[133] Vgl. ebd. S. 15 f.

## 5. Rechtliche Konsequenzen der Jugendkriminalität

Wenn Jugendliche kriminelles und gewalttätiges Verhalten entwickelt und ausgelebt haben, bringt dies in der Bundesrepublik strafrechtliche Konsequenzen mit sich. Welcher Natur diese Konsequenzen sind und ob es sich tatsächlich um die in der Einleitung erwähnte Kuschelpädagogik handelt, soll durch die Erläuterung des Jugendgerichtsgesetzes (JGG) bestimmt werden. Dazu wird im ersten Teil aufgezeigt, welche Maßregeln, Weisungen und Auflagen einem verurteilten Jugendlichen auferlegt werden können und welche Möglichkeiten und Formen des Freiheitsentzugs bestehen. Im zweiten Teil wird aufgezeigt, wie die Soziale Arbeit durch Jugendgerichts- und Bewährungshilfe in den Strafprozess miteinbezogen wird.

### 5.1 Das Jungendgerichtsgesetz

Vor marxistischer Geschichtsbetrachtung, welche eigenständige Lebensabschnitte von Kindheit und Jugend hervorbrachte, galt ein Kind von dem Moment an als erwachsen, wenn es sich abgetrennt von den Eltern physisch zurechtfinden konnte[134]. Dies führte dazu, dass Kinder in Bereichen des Erwachsenenlebens wie Arbeit und Freizeit früh partizipierten und dadurch dieselben Rechte und Pflichten wie Erwachsene erhielten[135]. Nach Entwurf des Reichsjustizministers Radbruch führte Deutschland am 16. Februar 1923 im Reichsgerichtsblatt I, 135 erstmals ein spezielles Gesetz für minderjährige und heranwachsende Straftäter ein[136]. Dieses Gesetz löste die bisher geltende Strafmündigkeit von 12 Jahren ab und bestimmte den Anwendungsbereich auf Jugendliche zwischen dem 14. und 18. Lebensjahr[137]. Erstmals wurden durch dieses JGG spezielle Jugendgerichte institutionalisiert und der Fachbereich Jugendgerichtshilfe zur Beurteilung junger Täter beim Jugendamt angesiedelt[138].

Nach Umstrukturierungen im nationalsozialistischen Deutschland von 1940 wurde die Strafmündigkeit wieder auf 12 Jahre hinunter gesetzt und das Gesetz zum normativen Instrument der Durchsetzung nationalsozialistischer, faschistischer

---

[134] Vgl. Nix 1993: S. 21
[135] Vgl. ebd.
[136] Vgl. Ostendorf 2009: S. 21
[137] Vgl. ebd.
[138] Vgl. Nix 1993: S. 22

Erziehungsideale genutzt[139]. Des Weiteren war das Gesetz vom 06.11.1943 nicht mehr auf Jugendliche anzuwenden, insofern diese in ihrer Entwicklung einem 18 Jahre alten Täter gleichgestellt werden konnten[140]. Nach Beendigung der national-sozialistischen Herrschaft in Deutschlands wurde diese Strafausdehnung im Zuge einer weiteren Reform des JGG im Jahre 1953 wieder beseitigt, jedoch blieben die Erziehungsinstrumente Zuchtmittel, Jugendarrest und unbestimmte Jugendstrafe, welche Erfindungen der Nazis waren[141].

Das heutige JGG geht auf eine weitere Reformierung im Jahr 1990 zurück, welche im Wesentlichen die Erweiterung der Erziehungsmaßnahmen sowie die Begrenzung des Freizeitarrests auf höchstens vier Wochen und die Abschaffung der unbegrenzten Jugendstrafe mit sich brachte[142]. Es findet Anwendung auf Jugendliche zwischen dem 14. und 18. Lebensjahr (§ 1 JGG)[143]. Heranwachsende zwischen dem 18. und 21. Lebensjahr werden individuell begutachtet und je nach Entwicklung und Reife entweder nach Jugendstrafrecht oder Erwachsenenstrafrecht verurteilt[144]. Kinder unter 14 Jahren werden demnach in Deutschland für strafrechtliche Verfehlungen nicht strafrechtlich zur Verantwortung gezogen, jedoch ist bei schweren Verfehlungen ein Einwirken durch Angebote des Jugendamtes möglich.

| | Strafrechtliche Verantwortlichkeit | Sachliche Zuständigkeit | Rechtsfolgen |
|---|---|---|---|
| **Kinder** <br><br> Unter 14 Jahren | Keine strafrechtliche Verantwortlichkeit | - Jugendamt <br> - Familiengericht <br> - Vormundschaftsgericht | Hilfen/Maßnahmen nach KJHG und ggf. Schutzmaßnahmen nach dem BGB §§ 1631, 1666 |
| **Jugendliche** <br><br> 14.-18. Lebensjahr | Strafrechtliche Verantwortlichkeit gemäß § 3 JGG | - Jugendstaatsanwaltschaft <br> - Jugendgericht <br> - Jugendamt | Sanktionen, Weisungen und Auflagen nach dem JGG |
| | | | |

---

[139] Vgl. ebd.
[140] Vgl. Ostendorf 2009: S. 21
[141] Vgl. ebd. /Nix 1993: S. 22
[142] Vgl. Nix 1993: S. 19
[143] Vgl. Stascheit 2008: S. 2085 f.
[144] Vgl. ebd. S. 2109

| Heranwachsende 18.-21. Lebensjahr | Generell strafrechtliche Verantwortlichkeit, außer in den Fällen § 20 StGB | - Jugendstaatsanwaltschaft<br>- Jugendgericht<br>- Jugendamt | Je nach Entwicklungsgrad des Heranwachsenden: Verurteilung nach dem Jugend- oder Erwachsenenstrafrecht |
|---|---|---|---|
| **Erwachsene** 21. Jahre und älter | Generell strafrechtliche Verantwortlichkeit, außer in den Fällen § 20 StGB | - Staatsanwaltschaft<br><br>- Gericht | Sanktionen und Maßregeln nach dem StGB |

145

Im Vordergrund des Regelungssystems des JGG soll nicht die Sühne und Vergeltung einer Straftat stehen. Vielmehr soll der straffällig gewordene junge Mensch durch Erziehungsmaßregeln und Zuchtmittel in dessen Entwicklung soweit positiv beeinflusst und gefördert werden, dass es ihm gelingen kann, künftig ein straffreies Leben zu führen (positive Individualprävention)[146]. Um dies zu erreichen, hat das Jugendgericht folgende legitimierte Handlungsspielräume:

Bei festzustellender (eingeschränkter) Schuldunfähigkeit, zum Beispiel auf Grund einer Substanzabhängigkeit, kann der Richter Maßregeln der Besserung und Sicherung anordnen, was für den Beschuldigten die Unterbringung in einer psychiatrischen Einrichtung bedeuten kann (§ 7 JGG)[147]. Bei bewiesener Schuld reagiert das JGG mit Sanktionsformen in Form von Erziehungsmaßregeln, Zuchtmitteln und Jugendstrafe.


5.1.1 Erziehungsmaßregeln


Erziehungsmaßregeln sind Weisungen, welche die Lebensführung des Jugendlichen regeln und dadurch dessen Erziehung fördern sollen (§ 9 Nr. 1 JGG)[148]. Dazu zählen laut § 10(1) Nr. 1 – 9 JGG:

---

[145] Vgl. Ostendorf 2003: S. 3
[146] Vgl. Karnowsky 2009: S. 4
[147] Vgl. Stascheit 2008: S. 2086
[148] Vgl. ebd. S. 2087

1. „Weisungen zu befolgen, die sich auf den Aufenthaltsort beziehen,
2. bei einer Familie oder in einem Heim zu wohnen,
3. eine Ausbildungs- oder Arbeitsstelle anzunehmen,
4. Arbeitsleistung zu erbringen,
5. sich der Betreuung und Aufsicht einer bestimmten Person (Betreuungshelfer) zu unterstellen,
6. an einem sozialen Trainingskurs teilzunehmen,
7. sich zu bemühen, einen Ausgleich mit dem Verletzten zu erreichen (Täter-Opfer-Ausgleich),
8. den Verkehr mit bestimmten Personen oder den Besuch von Gast- oder Vergnügungsstätten zu unterlassen oder
9. an einem Verkehrsunterricht teilzunehmen."[149]

Häufige Weisungen im Zusammenhang mit Gewaltdelikten sind die Erbringung von Arbeitsleistung (sogenannte Sozialstunden), sich einer Betreuungsweisung zu unterstellen und/oder an einem Sozialen Trainingskurs teilzunehmen. Weiter kann der Richter laut § 9 Nr. 2 JGG dem Verurteilten auferlegen, Hilfe zur Erziehung nach dem KJHG in Anspruch zu nehmen[150]. Kommt der Jugendliche der Erfüllung seiner Auflagen nicht nach, kann das Jugendgericht bis zu vier Wochen Jugendarrest verhängen[151]. Nach dem Arrest hat der Jugendliche weiterhin seine Weisungen zu erfüllen[152].

## 5.1.2 Zuchtmittel

Bei mittleren Vergehen oder wiederholter Straffälligkeit muss der Verurteilte mit Zuchtmitteln in Form einer Verwarnung, der Erteilung von Auflagen oder der Verhängung von Jugendarrest rechnen[153]. Die Verwarnung nach § 14 JGG erfolgt durch den Jugendrichter und dient dazu, dem Jugendlichen das Unrecht dessen Tat eindringlich bewusst zu machen[154]. Auflagen sind in § 15 (1) Nr. 1 – 4 JGG geregelt und umfassen die Sanktionierung durch:

---

[149] Stascheit 2008: S. 2087
[150] Vgl. ebd. S. 2088
[151] Vgl. ebd.
[152] Vgl. ebd.
[153] Vgl. ebd.
[154] Vgl. ebd.

1. „nach Kräften den durch die Tat verursachten Schaden wiedergutzumachen,
2. sich persönlich bei dem Verletzten zu entschuldigen,
3. Arbeitsleistung zu erbringen oder
4. einen Geldbetrag zugunsten einer gemeinnützigen Einrichtung zu zahlen."[155]

Das Verhängen einer Geldbuße soll lediglich erfolgen, wenn der Jugendliche befähigt ist, diesen aus eigenen Mitteln zu zahlen oder aus Erträgen, welche aus der Tat stammen[156].

Das Sanktionieren mit den aufgezeigten Weisungen und Auflagen, führt dazu, dass das Jugendstrafrecht auch als Erziehungsstrafrecht betitelt wird[157]. Dabei wird leicht unterschätzt, dass es sich beim Jugendstrafrecht um echtes Strafrecht handelt, *„weil seine Rechtsfolgen die Begehung einer schuldhaften Tat zur Voraussetzung haben und wenigstens eine dieser von ihm vorgesehenen Rechtsfolge die Ahndung der Schuld durch Strafe ist."*[158] Das die Sanktionen neben dem erzieherischen Charakter auch einen strafenden haben, wird besonders bei den beiden weiteren Sanktionsformen deutlich. Ein weiteres Zuchtmittel bietet die Möglichkeit, den Verurteilten laut § 16 JGG zu bis zu vier Wochen Jugendarrest zu verurteilen, solange er durch die hier genannten Erziehungsmaßregeln und Zuchtmittel nicht positiv zu beeinflussen ist und sich weiter nicht gesetzeskonform verhält oder den Weisungen und Auflagen nicht nach kommt[159].

## 5.1.3 Jugendstrafe

Bei schweren Vergehen oder Verbrechen, bei denen die Schwere der Schuld besonders zu Lasten des Beschuldigten wiegt oder nach der Feststellung von schädlichen Neigungen[160], kann das Gericht Jugendstrafe von mindestens sechs Monaten bis zu zehn Jahren verhängen (§§ 17, 18 JGG)[161]. Der Vollzug hat das Ziel, dem Verurteilten seine Schuld am begangenen Unrecht eindringlich bewusst zu machen und ihm durch erzieherische Maßnahmen dazu zu verhelfen, die Schwierigkeiten

---

[155] Stascheit 2008: S. 2088
[156] Vgl. ebd.
[157] Vgl. Schaffstein/Beulke 2002: S. 1
[158] Ebd.
[159] Stascheit 2008: S. 2088 f.
[160] Unter schädlichen Neigungen versteht die Justiz erhebliche Erziehungsmängel, welche einer längeren Erziehung der Gesamtpersönlichkeit des Täters bedürfen, um eine Störung der öffentlichen Ordnung und weitere Straftaten zu vermeiden (vgl. Patra 2001: S. 9).
[161] Vgl. Stascheit 2008: S. 2089

zu bewältigen, die zur Begehung seiner Straftat(en) geführt haben[162]. Unter bestimmten Voraussetzungen kann die Jugendstrafe zur Bewährung ausgesetzt werden, was in § 21 – 26a JGG geregelt ist[163]. Ab § 90 regelt das JGG die Vollzugsbedingungen. Dort ist auch legitimiert, dass Jugendstrafe in speziellen Vollzugsanstalten für Jugendliche zu vollziehen ist[164]. Es ist zwingend notwendig, dass diese freiheitsentziehende Sanktionsform jugendgemäß und pädagogisch gestaltet wird, andernfalls kann sich diese nicht präventiv auswirken, sondern sogar erziehungsschädlich[165].

Die aufgezeigten Sanktionsformen lassen erkennen, dass sich das Jugendstrafrecht in einem Spannungsfeld zwischen Strafe und Erziehung befindet[166]. Wohingegen Juristen mit dem Jugendstrafrecht vorwiegend Jugendkriminalität bekämpfen wollen[167], nutzt die Soziale Arbeit es, um erzieherisch auf junge Menschen in schwierigen Entwicklungsphasen einzuwirken. Diese Spannung kann nicht aufgehoben, jedoch gemildert werden, wenn Justiz und Soziale Arbeit intensiv zusammenarbeiten. Da das JGG einem Jugendlichen zwar anordnen kann, an einem Sozialen Trainingskurs teilzunehmen, den Inhalt des Kurses jedoch nicht weiter definiert, ist es Aufgabe der Sozialen Arbeit, entsprechende Konzepte und Methoden zu entwickeln und diese an die Jugendgerichte heranzutragen.

## 5.2 Jugendgerichtshilfe und Bewährungshilfe

Das Jugendgerichtsgesetz legitimiert das Tätigwerden von zwei speziellen Arbeitsfeldern der Sozialen Arbeit, um straffällige Jugendliche in ihrer Entwicklung zu fördern und sie bei ihrer Resozialisierung zu unterstützen. Dazu zählen insbesondere die Jugendgerichtshilfe und die Bewährungshilfe. Die Jugendgerichtshilfe ist gemäß §§ 38, 105 JGG während des gesamten Verfahrens gegen Jugendliche und Heranwachsende hinzuzuziehen. Sie ist überwiegend bei den kommunalen Jugendämtern angesiedelt und tritt jedes Mal mit Jugendlichen und Heranwachsenden in Kontakt, sobald diese gegen Rechtsnormen verstoßen haben[168]. Bei leichteren Vergehen, wie beispielsweise einfachen Leistungserschleichungen und Diebstählen geringwertiger Sachen, reicht es zumeist aus, dass der Vertreter der Jugendge-

---

[162] Vgl. ebd. S. 2105
[163] Vgl. ebd. S. 2089 ff.
[164] Vgl. ebd. S. 2106
[165] Vgl. Schaffstein/Beulke 2002: S. 2
[166] Vgl. ebd.
[167] Vgl. Albrecht 2000: S. 3
[168] Vgl. Stascheit 2008: S. 2093

richtshilfe ohne Beteiligung von Staatsanwaltschaft und Jugendgericht mithilfe eines sogenannten erzieherischen Gesprächs auf den Beschuldigten einwirkt. Kommt es zu einer Gerichtsverhandlung, begleitet und betreut die Jugendgerichtshilfe den Beschuldigten das gesamte Verfahren über, erstattet dem Jugendgericht Bericht über die soziale und emotionale Entwicklung des Beschuldigten, gibt einen Sanktionsvorschlag ab und betreut und begleitet die Einhaltung der Sanktionen nach der Gerichtsverhandlung[169]. Ziel der Jugendgerichtshilfe ist dabei nicht die Sühne und Vergeltung der Tat, sondern die positive Entwicklung des Jugendlichen insofern zu beeinflussen, dass dieser zukünftig straffrei leben kann[170].

Die Mitarbeiter der Bewährungshilfe haben in ihrem Berufsalltag nicht mit leichten Vergehen wie dem einfachen Ladendiebstahl zu tun, sondern mit schwerer Kriminalität, auf welche Jugendstrafe (Haftstrafe) angewendet wird. Laut § 24 JGG unterstellt der Jugendrichter jeden zur Bewährung verurteilten Jugendlichen der Aufsicht eines Bewährungshelfers. *„Der Bewährungshelfer steht dem Jugendlichen helfend und betreuend zur Seite. Er überwacht (...) die Erfüllung der Weisungen, Auflagen, Zusagen und Anerbieten. Der Bewährungshelfer soll die Erziehung des Jugendlichen fördern (...)."*[171] Ziel der Arbeit ist auch hier, den Jugendlichen darin zu unterstützen, ein straffreies Leben zu führen sowie die Unterstützung der Resozialisierung nach Haftstrafen[172]. Dabei gilt der Grundsatz: Hilfe zur Selbsthilfe.

Die Mitarbeiter der Jugendgerichtshilfe und der Bewährungshilfe arbeiten dabei mit pädagogischen Mitarbeitern in öffentlicher und freier Trägerschaft zusammen.


*5.3 Reflexion der Sanktionen im Jugendstrafrecht in Bezug auf Gewaltdelikte*

Gerade die umstrittenste Form der Sanktionierung hat in den vergangenen Jahren erheblich zugenommen: der Jugendstrafvollzug[173]. Besonders bei Mehrfachtätern wird diese Form der Sanktionierung vermehrt genutzt[174]. Ziel des Vollzugs ist eine intensive erzieherische Einwirkung, welche den Verurteilen dazu befähigen soll, künftig ein eigenverantwortliches und rechtschaffenes Leben zu führen[175]. In einem Brief an den Justizminister definiert ein Gefangener der JVA Lingen seine Situation wie folgt:

---

[169] Vgl. ebd.
[170] Vgl. Karnowsky 2009: S. 4
[171] Stascheit 2008: S. 2090
[172] Vgl. Sobottka 1990: S. 34
[173] Vgl. Sonnen 2002: S. 57. In: Bereswill/ Höynck
[174] Vgl. Albrecht 2000: S. 50
[175] Vgl. Sonnen 2002: S. 60. In: Bereswill/ Höynck

*„(...) Der Versuch ausgerechnet mittels eines Freiheitsentzuges Straftäter für ein ver-*
*antwortungsvolles Leben in Freiheit vorzubereiten erscheint paradox und ist es auch.*
*Wie kann ich denn verantwortungsvolles Handeln trainieren, wenn mir alle Verant-*
*wortung aus der Hand genommen wird? Sicher – ich habe (...) anderen geschadet,*
*deshalb wird mir meine Freiheit genommen. Verständlich. Es passt nur einfach nicht*
*zu dem Ziel der Reintegration. Die andauernde Entmündigung schafft Frustration*
*und Resignation. Ich werde lebensunfähiger, je länger ich im Knast bin. Woraus soll*
*die Kompetenz erwachsen, mit der ich mein zukünftiges Leben in Freiheit meistern*
*soll? (...) Therapien und Programme können mich dabei unterstützen, der Freiheits-*
*entzug selbst hindert mich dabei. (...) Knast führt nicht zur Resozialisierung, sondern*
*zur „Asozialisierung" der Täter."*[176]

Was der Gefangene der JVA hier als Asozialisierung beschreibt, umfasst wohl nicht nur das Paradox, außerhalb der Gesellschaft das Leben innerhalb der Gesellschaft zu erlernen, sondern auch den stigmatisierenden Effekt einer Inhaftierung, welcher dem Inhaftierten eine Wiedereingliederung in die Gesellschaft nach Entlassung weiterhin erschwert[177]. Bei der Konzeption von unterstützenden (re-)sozialisierenden und therapierenden Maßnahmen, stehen nicht selten finanzpolitische Interessen den kriminal- und sozialpolitischen Interessen entgegen[178].

Da es letztendlich keine einheitliche Definition aus pädagogischer, psychologischer und rechtlicher Perspektive gibt, wie ein eigenverantwortliches und rechtschaffenes Leben auszusehen hat, ist die Rückfallquote das einzige Kriterium, an dem sich ein erfolgreicher Vollzug messen lassen würde. Es fehlten bisher repräsentative Studien über Rückfälle nach Jugendstrafverbüßungen, da das Bundeszentralregister erst seit Mitte der 1980er Jahre eine Rückfallstatistik erstellt[179]. 2003 und 2010 veröffentlichte das Bundesministerium der Justiz dann endlich eine Rückfallstatistik. Diese besagt, dass Täter, welche Jugendstrafe vollzogen haben, besonders häufig rückfällig werden. In der Altersgruppe der 14 bis 17-Jährigen (Jugendliche) beträgt die Rückfallquote 43 %, in der Altersgruppe der 18 bis 21-Jährigen (Heranwachsende) beträgt die Rückfallquote weiterhin noch 38 %[180]. Das im § 90 (1) Satz 3 JGG stehende Ziel des Jugendstrafvollzugs, *„dem Jugendlichen*

---

[176] Gefangener 2010. In: Kraus et al. S. 34 f.
[177] Vgl. Sonnen 2002: S. 64. In: Bereswill/ Höynck
[178] Vgl. ebd. S. 67
[179] Vgl. Albrecht 2000: S. 50
[180] Vgl. Jehle et al. 2010: S. 46

*dabei zu helfen, die Schwierigkeiten zu bewältigen, welche zur Begehung der Straf-*
*tat beigetragen haben.*"[181] wird im Allgemeinen also scheinbar gar nicht erreicht.

> *„Deshalb erzwingen die jugendkriminologischen Erkenntnisse über kurz oder lang*
> *ein Umdenken im Hinblick auf die repressivste Form des Umgangs mit Jugendkrimi-*
> *nalität: die Einsperrung.* "[182]

Da nun aber die Verbüßung der Jugendstrafe keinen direkten (Re-)Sozialisierungs-
effekt aufweisen kann, bedarf es wirkungsvolleren ambulanten Maßnahmen. Bei
der Betrachtung der oben aufgezeigten Möglichkeiten der ambulanten Angebote
zeigt sich die Möglichkeit der Weiterentwicklung speziell für Angebote für Mehr-
fachgewalttäter. Bestehende Sanktionen wie die Verhängung von Arbeitsleistung
oder die Auferlegung einer Betreuungsweisung reichen womöglich nicht aus, um
diese Jugendlichen in dessen Entwicklung soweit zu fördern und zu stützen, dass
diese von ihrem dissozialen Verhalten Abstand nehmen können, besonders, da keines der Angebote systemisch strukturiert ist. Der betroffene Jugendliche verhält
sich schließlich gesetzeswidrig, da es in dessen System und dessen (sozialem) Umfeld Sinn macht. Die alleinige Arbeit mit dem Klienten ohne dessen soziales System und im Büro des Sozialarbeiters, fern vom Sozialisationsfeld des Jugendlichen,
stellt somit kein ausreichendes Angebot dar. Der Umgang mit Provokationen und
Kränkungen kann in diesem künstlichen Umfeld nicht modifiziert werden[183]. Die
Beziehungsarbeit, welche der Sozialarbeiter unter diesen Umständen leisten kann,
ist als eingeschränkt zu betrachten. Gerade Gewaltstraftäter benötigen jedoch eine
intensive und lang anhaltende Zuwendung, da sie sich zuerst selbst als Opfer betrachten – Opfer der Gesellschaft, Opfer der Familie, o.ä[184]. Dieses Denken zu
durchdringen, zu reflektieren und ggf. zu modifizieren benötigt Zeit und intensive
Beziehungsarbeit. Des Weiteren wurde in Kapitel 3 dargestellt, dass besonders
Mehrfachtäter meist ein breites Spektrum möglicher Entwicklungschancen im sozialen und emotionalen Bereich mit sich bringen, dessen Bearbeitung mehr Zeit
und eine intensivere Beziehungsarbeit beansprucht als beispielsweise bei der
Betreuungsweisung möglich ist. Ein Angebot, das den Jugendlichen und dessen
Problemlage ganzheitlich betrachtet und intensive Beziehungsarbeit bietet, stellt
der Soziale Trainingskurs nach § 10 (1) Nr. 6 JGG dar[185]. Dies ist auch als Bewäh-

---

[181] Stascheit 2008: S. 2105
[182] Jehle et al. 2010: S. 46
[183] Vgl. Weidner 2001: S. 127
[184] Vgl. Knitsch/Auge 2009: S. 42
[185] Vgl. Stascheit 2008: S. 2087

rungsauflage möglich, um eine drohende Haft zu vermeiden[186]. Ein anerkannter und gängiger Sozialer Trainingskurs für Gewaltstraftäter ist das Anti-Aggressivitäts-Training[187].

Abschließend bleibt zu erwähnen, dass beruhend auf der Erkenntnis, dass Zeiten hoher Jugendarbeitslosigkeit meist einen Anstieg der Jugendgewalt mit sich bringen und das Fehlen strukturierter und materieller Ressourcen das Auftreten von Jugendgewalt zusätzlich begünstigen, § 10(1) Nr. 3 JGG (dem Jugendlichen auferlegen, eine Ausbildungs- oder Arbeitsstelle anzunehmen) eine äußerst sinnvolle Weisung zu sein scheint, welche in der Praxis zu wenig Möglichkeiten der Umsetzung bietet.

## 5.4 Zusammenfassung

In Deutschland findet das Jugendgerichtsgesetz (JGG) Anwendung auf jugendliche und heranwachsende Straftäter. Es unterscheidet sich im Wesentlichen vom Erwachsenenstrafrecht darin, dass nicht Sühne und Vergeltung der Straftat im Vordergrund stehen, sondern die positive Förderung der Entwicklung des Täters. Dies soll erreicht werden durch das Verhängen von Weisungen und Auflagen, welche die Lebensführung des Jugendlichen/Heranwachsenden positiv beeinflussen sollen. Im Bereich der Gewaltdelikte stellt das Verhängen eines Sozialen Trainingskursen (z. B. Anti-Aggressivitäts-Training) eine gängige Methode dar. Weiter sieht das JGG freiheitsentziehende Maßnahmen wie Arrest und Jugendstrafe vor, welche einer kritischen Reflexion jedoch nicht standhalten, da sich die Integration in die Gesellschaft außerhalb der Gesellschaft als fragwürdig darstellt. Dies belegt auch die hohe Rückfallquote der Jugendstraftäter.

Die Soziale Arbeit tritt in Form von Jugendgerichtshilfe und Bewährungshilfe mit jugendlichen Straftätern in Kontakt. Ziel der Profession ist die Entwicklung und Resozialisierung des Betroffenen zu unterstützen, damit es diesem künftig gelingt, einen straffreien Lebenswandel zu führen.

---

[186] Vgl. ebd. S. 2089
[187] Vgl. Weidner 2001: S. 5

44

# II. Methodischer Ansatz in der Straffälligenhilfe

## 1. Das traditionelle Anti-Aggressivitäts-Training als ambulante Maßnahme für jugendliche Gewaltstraftäter

Das Anti-Aggressivitäts-Training (AAT) nach Jens Weidner ist ein patentiertes, 6-monatiges Trainingskonzept für jugendliche Gewaltstraftäter. Seit 1993 bietet das Frankfurter Institut für Sozialarbeit und Sozialpädagogik eine qualifizierte Ausbildung zum Anti-Aggressivitäts-Trainer an[188]. Die Rahmenbedingungen, die Konfrontative Pädagogik, die Methoden sowie Ziele des Trainings werden in diesem Kapitel vorgestellt.

### 1.1 Rahmenbedingungen

Das AAT ist ein lerntheoretisches Paradigma und folgt den Prinzipien des sozialen Lernens. Es findet Anwendung bei gewaltbereiten Mehrfachtätern und es unterscheidet sich durch Rahmenbedingungen, Inhalt, Ort und Trainer von anderen gewaltpräventiven Maßnahmen sowie von ambulanten Gesprächs- und Verhaltenstherapien[189]. Die Methodik der Konfrontation zieht sich durch das komplette Programm. Im Bereich der Tertiärprävention stellt das AAT eine Maßnahme der Jugendgerichts- und Bewährungshilfe nach § 10 JGG dar und wird ebenso im Strafvollzug angewandt[190].

Die Teilnehmer treffen sich sechs Monate lang einmal wöchentlich zu einer mehrstündigen Gruppensitzung (insgesamt ca. 60 Stunden). Es handelt sich bei den Teilnehmern um geschlechtlich homogene Gruppen gewaltbereiter Wiederholungstäter, die in der Lage sein müssen, dem Programm kognitiv und sprachlich zu folgen[191].

Der Inhalt befasst sich mit den aktuellen Problemen der Teilnehmer, welche das Aggressionsverhalten bedingen. Eine Konfrontation mit den eigenen Problemen ist somit für jeden Teilnehmer unausweichlich[192]. Die Inhalte werden durch Einzelinterviews, Analyse der Gewaltauslöser, Tatkonfrontation, Provokationstests auf dem

---

[188] Vgl. ebd.
[189] Vgl. Weidner 2001: S. 101
[190] Vgl. Kreft/Mielenz 2005: S. 82 ff.
[191] Vgl. ebd.
[192] Vgl. Weidner 2001: S. 101

heißen Stuhl, Opferbriefe und Distanzierungsbriefe an die gewaltbereite Peergroup erarbeitet[193].

Der Durchführungsort sollte möglichst den Bedingungen entsprechen, welche die Teilnehmer auch in ihrem Alltag vorfinden. Ein Training ausschließlich außerhalb der Realität kann keine Verhaltensänderung in realen Bedingungen bewirken. Eine Konfrontation mit der Realität (Theorie-Praxis-Transfer) und den dazugehörigen Stressmomenten ist also nötig, um eigene Aggressionsmuster zu erkennen und besser geeignete Handlungsalternativen zu erproben. Ausgänge zu beliebten Freizeitorten sind daher denkbar[194].

Die Mitarbeiter/Trainer treten jeweils zu zweit auf. Beide verfügen über einen geisteswissenschaftlichen Hochschulabschluss und die Zusatzausbildung zum Anti-Aggressivitäts-Trainer. Denkbar ist jedoch auch, einen nicht-professionellen Pazifisten des betreffenden Problemumfelds hinzuzuziehen. Weidner (2001) beschreibt, dass es sich dabei z. B. um einen friedfertigen Kampfsportler handeln könne[195]. Die Trainer üben intensive Beziehungsarbeit zu ihren Klienten aus. Eine intensive Beziehung ist unabdingbar für die konfrontative Methodik, da es auch zu den Aufgaben des Trainers gehört, den einzelnen Jugendlichen mit dessen Problemen zu konfrontieren und ihn ggf. mit Aussagen zu kränken, welche ihn unter normalen Umständen zu Gewalthandlungen veranlassen würden. Zugleich muss es dem Trainer jedoch gelingen durch Beschwichtigungen, Humor und ehrrettenden Aussagen die psychische Integrität und Ehre des Einzelnen zu schützen[196].

Das lerntheoretische Paradigma, an welchem sich das AAT orientiert, geht zurück auf ein Verständnis von Aggression nach Bandura (1979), da dieses nicht nur die Entstehung von Aggression beschreibt, sondern auch Möglichkeiten der Verhaltensänderung berücksichtigt und aufzeigt. Demnach soll durch Modelllernen, differenzielle Bekräftigung und systematische Desensibilisierung Aggressivität verringert werden[197]. Dieses Paradigma wird durch eine kognitive Komponente nach dem Kognitionstheoretiker Kelly (1958) ergänzt. Kelly erklärt, dass aggressives Verhalten entstehen kann, wenn der Aggressor falsche Hypothesen zu Gewalt verinnerlicht hat[198]. Die falsche Hypothese könnte z. B. lauten: Die Anwendung von Gewalt verschafft mir Respekt und Anerkennung! Die Realität ist jedoch eine andere: Die Anwendung von Gewalt wird vom größten Teil der Gesellschaft nicht

---

[193] Vgl. Freft/Mielenz 2005: S. 84
[194] Vgl. ebd. S. 101 f.
[195] Vgl. Weidner 2001: S. 102
[196] Vgl. ebd.
[197] Vgl. Burschyk et al. 1997: S. 74. In Weidner et al.
[198] Vgl. ebd.

akzeptiert, zieht ggf. strafrechtliche Konsequenzen mit sich und führt u.U. in ein Leben im sozialen Abseits. Um diese falschen Hypothesen aufzudecken werden die Jugendlichen im Training daher dazu angeleitet, sich kognitiv mit ihren Gewalthandlungen auseinanderzusetzen, um schließlich bestehende Hypothesen zu reflektieren[199].

Das methodische Handeln des AAT verläuft nach Grundprinzipien der Konfrontativen Pädagogik.

## 1.2 Die Konfrontative Pädagogik

Die Konfrontative Pädagogik wird seit mehr als 20 Jahren in der Arbeit mit stark abweichendem Verhalten und aggressiven Jugendlichen angewandt[200]. Sie stellt keine in sich geschlossene pädagogische Theorie dar, wie z. B. die Antiautoritäre Pädagogik, sondern ist vielmehr als ein pädagogischer Handlungsstil zu verstehen mit dem Prinzip auf Förderung von Selbstverantwortung des Klienten[201]. Zwar stellt die Konfrontation nicht die einzige Handlungsform der Methode dar, jedoch ist sie wesentlicher Bestandteil. Die Bedeutung der Konfrontation beschreibt Rainer Kilb (2011) folgendermaßen:

> *„Hinter diesem Handlungsstil und dem Verfahren steht die entschiedene Haltung der intervenierenden Pädagogen, eine entweder individuelle Missachtung oder Störung sozial-kommunikativer Gruppenbezüge oder Verletzungen individueller Freiheitsrechte oder der Unversehrtheit anderer Personen nicht zu akzeptieren, sondern die Regelverletzer mit einer von ihnen begangenen Verletzung oder Regelüberschreitung selbst bzw. mit der/den hiervon betroffenen Person/en möglichst rasch und direkt zu konfrontieren."[202]*

Kilb (2011) beschreibt, dass sich die Methode von autoritärem Handeln abhebt, indem der konfrontierten Person innerhalb der pädagogischen Beziehung Respekt entgegengebracht wird[203]. Daher beschreibt er die Methode als nicht autoritär-patriachalisch, sondern vielmehr als autoritativ[204]. Weidner (2003) spricht auch von

---

[199] Vgl. ebd.
[200] Vgl. Weidner/Kilb 2011: S. 5. In: Weidner/Kilb
[201] Vgl. ebd. S. 30
[202] Kilb 2011: S. 30. In: Weidner/Kilb
[203] Vgl. ebd.
[204] Vgl. ebd.

einem „Erziehungsstil mit Herz", sprich: klare Strukturen und Grenzen in Kombination mit Wärme, Verständnis und Zutrauen[205]. Die Botschaft an die Jugendlichen soll lauten:

> *„Ich mag dich, ich mag dich sogar sehr, aber in Bezug auf Deine Taten bist du ein richtig mieser Kerl!"*[206]

Hinter der konfrontativen Methode im Kontext des AAT steht der Gedanke, mit Tätern, welche die Konfrontation immer gesucht haben, auch konfrontativ umzugehen[207]. In der Praxis bedeutet dies, den Jugendlichen ins „Kreuzfeuer der Kritik" zu nehmen und ihn intensiv mit seinem Handeln und dessen Auswirkungen zu konfrontieren[208]. Dabei nimmt der konfrontative Pädagoge zu etwa 80 % seines professionellen Handelns eine einfühlsame, verständnisvolle und verzeihende Haltung ein, während die übrigen (konfrontativen) 20 % eine Biss-, Konflikt- und Grenzziehungsbereitschaft einnehmen[209].

*1.3 Zusammengefasste Ziele des AAT*

- Aggressivität soll nicht lediglich durch eine repressive Sanktion unterdrückt, sondern durch eine Veränderung des Verhaltens, durch kognitive Theorienbildung, reduziert werden;
- Vermittlung gewaltarmer Konfliktlösetechniken;
- Nicht das Zuschlagen soll Quelle von Stolz und Selbstbewusstsein sein, sondern die Kontrolle über das eigene Verhalten[210];
- Entwicklung starker Abwehrmechanismen gegen provokative/gewaltauslösende Reize und Stimuli[211];
- Stärkung dezentrierten und autonomen Denkens (siehe dazu auch 3.1 Entwicklungsaufgaben der Adoleszenz)
- Förderung von Empathie, Frustrationstoleranz und Ambivalenztoleranz[212].

---

[205] Vgl. ebd.
[206] Ebd. S. 27
[207] Vgl. Burschyk et al. 1997: S. 74. In: Weidner et al.
[208] Vgl. Weidner/Gall 2003: S. 15. In: Weidner et al.
[209] Vgl. ebd. S. 18.
[210] Vgl. Weidner 2001: S. 101
[211] Vgl. Burschy et al. 1997: S. 77. In: Weidner et al.
[212] Vgl. Kreft/Mielenz 2005: S. 82

Burschy, Sames und Weidner (1997) gliedern das Training in der Praxis in folgende sechs Eckpfeiler, welche von jedem Jugendlichen bearbeitet werden[213]:

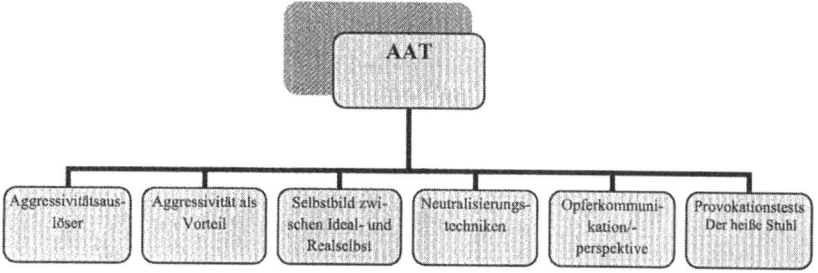

### 1.4.1 Aggressivitätsauslöser

Burschy et al. (1997) beziehen sich auf Banduras Aggressivitätsforschung (1979), wenn sie beschreiben, dass Aggressivität keine unbegründete und spontane Reaktion ist, sondern immer auf einen Auslöser zurückzuführen sei[214]. Daher wird in diesem Teil des Trainings mit den Teilnehmern herausgearbeitet, welche exakten Situationen für den Einzelnen Provokationen darstellen und mit welchem zwanghaften Verhalten diese darauf reagieren. Auch die enthemmende Wirkung von Alkohol und Drogen wird in diesem Kontext thematisiert[215]. Wurden diese Auslöser analysiert, wird mit dem Teilnehmer eine Provokationshierarchie erstellt, in der sämtliche aggressionsprovozierenden Verhaltensweisen von „wenig provokant" bis „sehr provokant" aufgestellt werden. Im Sinne der systematischen Desensibilisierung kann so jeder Teilnehmer in arrangierten Situationen üben, seine Gefühle und sein Verhalten auf die individuellen Provokationen zu steuern. Erregung und Anspannung während der aggressionsprovozierenden Verhaltensweisen des Trainers sollen schließlich der Entspannung weichen. Ob dies gelingt, wird in sog. Provokationstests überprüft[216].

---

213 Vgl. Burschy et al. 1997: S. 75. In: Weidner et al.
214 Vgl. ebd.
215 Vgl. ebd. S. 77
216 Vgl. ebd.

## 1.4.2 Aggressivität als Vorteil

Beruhend auf den Erkenntnissen aus Kapitel 3 weisen viele Gewaltstraftäter in ihren Lebensläufen eigene Gewalterfahrungen und Ablehnung der eigenen Person
auf. In diesen Sozialisierungsprozessen lernen die Betroffenen, dass Aggressivität
durchaus eine nützliche Verhaltensweise sein kann. Zum einen kann das aggressive
Verhalten dem Betroffenen helfen, aus dessen Opferrolle herauszukommen, selbst
tätig zu werden und so erneute Übergriffe auf sich selbst verhindern (vom Opfer
zum Täter). Zum anderen kann das aggressive Verhalten, wie im theoretischen Teil
festgestellt, dem Betroffenen Respekt und Anerkennung einbringen. Aus diesem
Grund wird mit den Teilnehmern des AAT eine Kosten-Nutzen-Analyse aufgestellt, in der den Teilnehmern verdeutlicht wird, welch schwerwiegenden Nachteile
letztendlich der kurze Nutzen ihres aggressiven Verhaltens hat (Kosten: Gewalt
gegen Mitschüler, Nutzen: Respekt der Mitschüler, tatsächliche Kosten: Jugendstrafe, Ausschluss von der Schule, Ausschluss aus der Gesellschaft, etc.)[217]. Dieser
Appel an die Vernunft soll den Teilnehmern im Hinterkopf bleiben und ihnen dabei
helfen, z. B. den Provokationstest zu überstehen[218].

## 1.4.3 Selbstbild zwischen Ideal- und Realselbst

Laut Burschy et al. haben viele Teilnehmer des AAT ein idealisiertes Selbstbild,
welches enorm von der Realität abweicht. Sie empfinden sich z. B. als „Rambo der
Straße", welcher sich durch Unbesiegbarkeit kennzeichnet. Die Realität ist jedoch
eine andere: Durch das aggressive Verhalten wirkt er auf andere vielleicht eher wie
ein Versager[219]. Die abweichenden Wahrnehmungen anderer können den Betroffen
extrem reizen und dadurch Aggressionen weiter verstärken. Die Diskrepanz zwischen diesen beiden Selbstbildern wird daher in diesem Teil des AAT aufgedeckt
und reflektiert.

## 1.4.4 Neutralisierungstechniken

Viele Gewalttäter rechtfertigen und erklären ihre Taten mit Notwehr oder Rache.
Diese Umdefinition schützt den Täter davor, sich moralisch mit dessen Tat ausei-

---

[217] Vgl. Burschy et al. 1997: S. 78. In: Weidner et al.
[218] Vgl. ebd.
[219] Vgl. Burschy et al. 1997: S. 79. In: Weidner et al.

nanderzusetzen und Gefühle wie Scham, Schuld und Reue zu entwickeln und zu empfinden[220]. Diese Technik beschreiben Buschky et al. als Neutralisierungstechnik, welche die Täter brauchen, um ihre Taten zu legitimieren[221]. Im AAT sollen diese Techniken abgebaut werden, während Gefühle wie Scham, Schuld und Reue aufgedeckt werden sollen[222].

### 1.4.5 Opferkonfrontation/-perspektive

Ein wichtiger und zugleich äußerst sensibler Teil des AAT ist die Konfrontation mit dem Opfer. Das Wohl des Opfers steht dabei jedoch deutlich über dem Behandlungsaspekt des Täters[223]. Da die Begegnung mit dem Täter für das Opfer meist eine zu große Belastung darstellt, ist eine direkte Begegnung, wie es oft im Rahmen eines Täter-Opfer-Ausgleichs der Fall ist, zumeist nicht möglich. Da die Teilnehmer sich jedoch während des Trainings intensiv mit der Rolle, dem Leid und den Konsequenzen der erlebten Gewalt des Opfers auseinandersetzen sollen, wird die Konfrontation mit dem Opfer in symbolischer Form praktiziert. Dazu werden den Teilnehmern Filme und Interviews mit Gewaltopfern gezeigt, welche Parallelen zu der selbst begangenen Tat aufzeigen[224]. Auch das symbolische Verfassen eines Briefs an das Opfer ist denkbar[225]. Der Gedanke dahinter ist der, dass das Entwickeln von Mitgefühl und Mitleid den Spaß an der Gewalt verderben soll[226].

### 1.4.6 Provokationstests – Der heiße Stuhl

Wie unter 5.3.1 beschrieben stellt jeder Teilnehmer des AAT eine Hierarchie der Verhaltensweisen und Beschimpfungen auf, die ihn am meisten zur Anwendung von Gewalt provozieren. In persönlichen Interviews werden die Teilnehmer schließlich mit diesen Auslösern konfrontiert. An dieser Stelle gehen die Trainer besonders provokativ vor und setzen Humor, Ironie und Sarkasmus ein, was dazu dient, *„den Finger in die konflikt- und aggressionsgeladenen Wunden zu legen.“*[227]

---

[220] Vgl. ebd.
[221] Vgl. ebd.
[222] Vgl. ebd.
[223] Vgl. ebd. S. 80
[224] Vgl. ebd. S. 81
[225] Vgl. Kreft/Mielenz 2005: S. 84
[226] Vgl. Burschy et al. 1997: S. 81. In: Weidner et al.
[227] Burschy et al. 1997: S. 81. In: Weidner et al.

Zumeist sind die Provokationen verbaler Art. Fühlt sich jedoch ein Teilnehmer z. B. durch Drohgebärden oder das Anfassen der Schulter extrem provoziert, kann auch diese Situation geübt werden[228]. Durch diese Provokationen sollen die Teilnehmer lernen, ihre Grenze der Selbstkontrolle, Erregbarkeit und Aggression kennenzulernen und auszuweiten. Ziel ist es, selbst bei starker Provokation möglichst entspannt zu bleiben[229]. Ist ein Teilnehmer den Provokationen nicht gewachsen und droht der Provokationstest in der tatsächlichen Anwendung von Gewalt zu enden, wird dieser sofort abgebrochen. Durch weitere intensive Gespräche, weitere Provokationstests und das restliche Curriculum des Trainings wird der Betroffene solange weiter gefördert, bis er schließlich den Provokationstest durch Humor, Abwiegen und Ironie bestehen kann[230].

Den Provokationstest in seiner schwierigsten Form stellt der heiße Stuhl dar. Dabei wird ein Teilnehmer der Gruppe in den Mittelpunkt gesetzt (physisch wie psychisch). Er nimmt auf dem heißen Stuhl platz und stellt sich den Trainern und den anderen Teilnehmern, welche den Betroffenen schonungslos mit dessen Schwächen, Taten und den daraus resultierenden Konsequenzen konfrontieren[231]. Der Gesprächsstil ist dabei konfrontativ und provokativ:

*„Warum hast du auf den Farbigen eingeschlagen? (...) Befriedigt dich das, Ausländer zusammenzuschlagen? Bist du so ein Perverser? Kannste deine Verklemmungen nicht anders ausleben? (...) Bist du so eine Nazi-Primitivausgabe? Merk dir Klein-Adolf, damit kommst du hier nicht durch...* "[232]

Steht der Teilnehmer den heißen Stuhl ohne die Anwendung von Gewalt durch, wird er aus dieser Rolle erlöst und wieder in die Gruppe aufgenommen. Ziel ist es schließlich nicht, den Teilnehmer systematisch fertig zu machen, sondern ihm zu vermitteln: Du bist ein toller Kerl! Du hast das super gemacht! Ich lehne deine Gewalttaten ab. Aber du bist ein toller Kerl[233].

---

[228] Vgl. ebd.
[229] Vgl. ebd. S. 82
[230] Vgl. ebd.
[231] Vgl. ebd. S. 86 f.
[232] Weidner 1997: S. 10. In: Weidner et al.
[233] Vgl. Weidner/ Gall 2003: S. 18. In Weidner et al.

Basierend auf der Annahme, dass keine Methode der Sozialen Arbeit allen vorhandenen (Problem-)Verhaltensspektren gerecht werden kann und dem Wissen, dass die Teilnehmer des AAT nur mit 1/3 in der Rückfallstatistik vertreten sind[234] und das AAT daher eher der Inklusion als der Exklusion dient, lassen sich dennoch einige Grenzen und Diskussionspunkte identifizieren:

Nicht zuletzt wegen der intensiven, konfrontativen Momente wird das Vorgehen des AAT von Vertretern anderer Methoden kritisch betrachtet. Kilb (2011) beschreibt die lautende Kritik selbst wie folgt:

> *„Konfrontative Pädagogik wird in der Debatte der Funktionalisierung einzelner Methoden vor dem Hintergrund einer ökonomisch durch Deregulierung bestimmten, soziokulturell, postmodernen und politisch neoliberalen Gesellschaftspolitik als Kennzeichen eines „strafenden Staatsprinzips" verdächtigt."*[235]

Kilb (2011) widerspricht diesem Verdacht, räumt jedoch ein, dass auch beim konfrontativen Vorgehen Anpassungsleistungen erreicht werden sollen, jedoch nur, um dem Klienten eine Basis für die Entwicklung eines sozial verantwortlichen Lebenswandels zu ermöglichen[236].

Das spezifische Vorgehen, wie hier bei der Beschreibung des heißen Stuhls dargestellt, bietet jedoch mit Blick auf die Würde des Menschen weitere Kritikansätze. Weidner (2003) selbst beschreibt seine Methode als autoritativ. Das Begriffswörterbuch der Sozialpsychologie definiert autoritative Erziehung jedoch als einen Erziehungsstil, der zwar auf klaren Regeln und Strukturen beruht, u. a. jedoch geprägt ist durch gegenseitiges Zuhören, einander akzeptieren, respektvolles und feinfühliges Aufeinandereingehen sowie die Beachtung der Rechte des Kindes[237]. Ob das Vorgehen während des gesamten AAT gemäß dieser Ansprüche verläuft bleibt für die Verfasserin dieser Arbeit fraglich. Auch müssen Teilnehmer damit umgehen können, dass es sich bei der konfrontativen Methode nicht um ressourcenorientiertes, sondern um defizitorientiertes Vorgehen handelt. Die Teilnehmer werden vermehrt auf ihr Fehlverhalten hingewiesen und mit ihren Schwächen

---

[234] Vgl. Weidner 2011: S. 27. In Weidner/Kilb
[235] Kilb 2011: S. 30. In: Weidner/Kilb
[236] Vgl. ebd.
[237] Vgl. Bierhoff/Herner 2002: S. 28

konfrontiert. Damit soll erreicht werden, dass der Erkenntnisgewinn schlagartig und radikal eintritt[238].

Ein solches Vorgehen widerspricht dem aktuellen Vorgehen der Sozialen Arbeit: dem ressourcenorientiertem Ansatz. Dabei wird dem Fehlverhalten und den dysfunktionalen Persönlichkeitsanteilen weniger Beachtung geschenkt als den individuellen Ressourcen, welche zur Problembewältigung beitragen können, die ein jedes Individuum mit sich bringt[239]. Dieses Vorgehen geht auf den Repräsentanten des lösungsorientierten Vorgehens Steve de Shazer zurück und beinhaltet die Überzeugung:

> *„Die Kraft der Veränderung ergibt sich aus dem Zielbezug, nicht aus dem Rückblick."*[240]

Die Ansätze des klassischen AAT und des ressourcen- und lösungsorientierten Vorgehens weichen demnach weit voneinander ab. Weidner (1999) weist in diesem Kontext darauf hin, dass das Konzept des AAT für gewaltbereite Jugendliche gedacht ist, welche Unterdrückung praktizieren und Opfer produzieren. Er beschreibt weiter, dass das Training und besonders die konfrontativen Momente für Jugendliche gedacht ist, welche Empathie, Milde und pädagogische Freundlichkeit als Schwäche interpretieren[241]. Aggressive Jugendliche, welche sich in ihre Opfer einfühlen können und ihr eigenes Verhalten in Frage stellen, gehören nicht zur Zielgruppe des AAT[242]. Aber auch diese Jugendlichen brauchen Unterstützung, um dem Teufelskreis der Gewalt zu entkommen. Und zwar frühzeitig, bevor eine Inhaftierung unausweichlich wird.

Gleiches gilt für die Arbeit mit gewalttätigen Mädchen. Das AAT wird zwar in unterschiedlichen Formen auch in Mädchengruppen angewandt, dem Ursprung nach richtet es sich jedoch an männliche Jugendliche. Seit einigen Jahren erst ist das Thema Mädchengewalt im Fokus der Öffentlichkeit und somit auch im Forschungsinteresse der Sozialen Arbeit. Zwar bestehen neben einer modifizierten Form des AAT einige Programme für gewaltbereite Mädchen, jedoch weisen diese eher einen präventiven Charakter auf[243]. Die Entwicklung und Adaption von Projekten im Rahmen der Teritärprävention von gewalttätigem Verhalten i.V.m. § 10

---

[238] Vgl. Weidner/Gall 2003: S. 20. In: Weidner et al.
[239] Vgl. Bamberger 2010: S. 45 ff.
[240] De Shazer nach: Bamberger 2010: S. 91
[241] Vgl. Gall et al. 2003: S. 248. In: Weidner et al.
[242] Vgl. Weidner 1997: S. 14. In Weidner et al.
[243] Vgl. Fröhlich-Gildhoff/Beuter 2008: S. 363. In: Unsere Jugend 60/2008

JGG für Mädchen oder sogar heterogene Geschlechtergruppen, bleibt bislang förderungsbedürftig.

Ein weiteres Diskussionsfeld eröffnet sich bei der Betrachtung der mangelnden Ganzheitlichkeit des Trainings. Behn und Bindel-Kögel (2008) beschreiben die Ganzheitlichkeit im Kontext von sozialpädagogischen Trainings als unabdingbar für den Transfer des gelernten Verhaltens in den Alltag[244]. Als besonders schwierig beschreiben sie den Transfer eines neuen Verhaltensrepertoires in Milieus, in denen das alte Verhalten anerkannt wurde[245]. Genau diese Situation erwarten Jugendliche, die nach dem Training wieder intensiv Zeit mit ihrer (gewaltbereiten) Clique verbringen. Daher beschreiben Brehn und Bindel-Kögel (2008) weiter, dass zu einem ganzheitlichen und vor allem nachhaltigen Konzept auch die Einbindung in Milieus gehört, in denen das neu erlernte Verhalten anerkannt wird, wodurch eine Verstärkung und Verankerung alternativer Handlungsmuster eher zu erwarten ist[246].

Abgesehen vom methodischen Vorgehen des AAT hat dieses eine deutliche Schwäche, wenn es um dessen Finanzierung geht. Die Kosten für die Teilnahme am Kurs belaufen sich auf rund 9000 €[247]. Zu Zeiten finanziell stark belasteter Kommunen stellt das Ermöglichen der Teilnahme an einem ATT eine hohe zusätzliche Belastung dar, die eventuell nicht jeder Haushalt tragen kann.

Da keine Methode der Sozialen Arbeit als Allheilmittel beschrieben werden kann ist es wichtig, ein breites Repertoire an methodischen Reaktionsformen der Sozialen Arbeit auf Jugendgewaltkriminalität vorzulegen, erfolgreich zu evaluieren und es zu etablieren[248].

*1.6 Zusammenfassung*

Das Anti-Aggressivitäts-Training nach Jens Weidner ist ein patentiertes, 6-monatiges Trainingskonzept für jugendliche Gewalttäter, welche nicht in der Lage sind, ihr aggressives Verhalten zu reflektieren und Mitgefühl/Mitleid für ihre Opfer zu empfinden. Es kann im Zusammenhang mit einem Gewaltdelikt nach § 10 (1) Nr. 6 JGG dem Jugendlichen/Heranwachsenden als Sozialer Trainingskurs auferlegt werden. Die Methode orientiert sich an der Konfrontativen Pädagogik. Dies bedeu-

---

[244] Vgl. Behn/Bindel-Kögel 2008: S. 357. In: Unsere Jugend 60/2008
[245] Vgl. ebd.
[246] Vgl. ebd.
[247] Vgl. www.maenner-contra-gewalt.de
[248] Vgl. Kreft/Mielenz 2005: S. 589

tet für die Teilnehmer eine durch die Trainer inszenierte, konfrontative und provokative Auseinandersetzung mit den eigenen Schwächen, den individuellen Aggressionsauslösern sowie den begangenen Taten. Wesentlicher Bestandteil des AAT ist der heiße Stuhl, auf welchem die einzelnen Teilnehmer durch die Trainer und die übrigen Teilnehmer intensiv provoziert werden. Ziele sind die Veränderung des Verhaltens durch kognitive Theorienbildung, Entwicklung von Mitgefühl/Mitleid sowie der Aufbau starker Abwehrmechanismen gegen provokativ/gewaltauslösende Reize. In der Fachkräftedebatte findet das AAT durch dessen niedrige Rückfallquote von 1/3 sowohl Anerkennung wie aber auch Kritik bezüglich dessen konfrontativen Vorgehens und den hohen Kurskosten.

## 2. Überlegungen zur Weiterentwicklung ambulanter Maßnahmen für jugendliche Gewaltstraftäter

Im folgenden Abschnitt wird alternativ zur konfrontativen Methode des AAT nach Jens Weidner das Soziodrama als kulturelle und künstlerische Form der Krisenbewältigung vorgestellt, welches im folgenden Kapitel als unterstützendes Medium einer alternativen ambulanten Maßnahme für jugendliche Gewaltstraftäter eingesetzt werden soll. Dazu wird im ersten Teil der begriffliche Rahmen abgesteckt, bevor weiterführend die curricularen Eckpfeiler des Soziodramas erläutert und die daraus resultierenden Ziele für die Soziale Arbeit mit jugendlichen Gewaltstraftätern abgeleitet werden. Da das im anschließenden Kapitel vorgestellte Projekt Methoden sozialer Gruppentrainings mit Methoden der Theaterpädagogik sowie der Berufsbildung verbindet, werden auch die Absichten der berufsbildenden Komponente erläutert.

### 2.1 Theaterpädagogik

Spiel und Theater werden meist synonym verwendet, obwohl es sich um zwei unterschiedliche Handlungs- und Verhaltensformen handelt[249]. Theater definiert sich der griechischen Wortherkunft nach als:

> *„(...) Raum zum Anschauen (...). Theater als Bezeichnung für eine szenische Darstellung eines inneren und äußeren Bühnengeschehens und letztlich als künstlerische Form der Kommunikation/Interaktion zwischen den Schauspielern untereinander und dem Publikum. Im ursprünglichen Sinne bezieht sich „Das Theater" auf das Gebäude."*[250]

Spiel hingegen zu definieren ist weitaus schwieriger, da der Begriff für unterschiedlichste Verhaltensmuster verwandt wird (Glücksspiel, Regelspiel, Fingerspiel, etc.). Das hier gemeinte Spiel beschreibt das kindliche Rollenspiel. Sozialisationspsychologisch betrachtet beschreibt Mead das Spielen des Kindes als wesentliches Medium der Persönlichkeitsentwicklung[251]. Die Übernahme anderer Rollen

---

[249] Vgl. Hoppe 2003: S. 142
[250] Knitsch/Auge 2009: S. 132
[251] Vgl. Mead 1976: S. 153

und die Reaktionen der Gesellschaft auf das Verhalten dieser Rolle befähigen das Kind im Laufe der Entwicklung zur Empathie und Ich-Identifikation[252].

Die Theaterpädagogik verbindet die Kunst des Theaters mit dem pädagogischen Aspekt des Spiels[253]:

> *„Die theaterpädagogische Arbeitsweise ist an der persönlichen Weiterentwicklung der Schaffensästhetik der jungen und erwachsenen Spieler interessiert. Die persönlichkeitsbildenden Faktoren eines Arbeitsprozesses (...) sollen eine Übertragung in den (politischen) Alltag finden. Der Weg des Arbeitsprozesses geht von einer Verschmelzung von sinnlicher Erfahrung, kognitiven Lernprozessen und politischem Handeln aus."* [254]

## 2.2 Theaterpädagogik als Methode der Sozialen Arbeit

Das Studium der Sozialen Arbeit umfasst Ausbildungsangebote, welche den ästhetischen Umgang mit Kommunikation zum Gegenstand machen[255]. Durch die Medien Sprache, Kunst, Tanz und Theater erwerben die Fachkräfte ästhetische Kompetenzen zur Förderung der Wahrnehmung und Gestaltung sozialer Kommunikation. Im Umgang mit dem Klienten bedeutet diese Art der Förderung einen neuen, ästhetischen Zugang zu bestimmten Verhaltensweisen und eröffnet Entwicklungschancen[256]. Theater stellt aus Sicht der Sozialen Arbeit daher keineswegs lediglich eine Form der kulturellen Abendgestaltung dar. Die erzieherische Funktion des Theaters beschreibt Hoppe (2003) als eine These, die seit Aristoteles diskutiert und bis heute durch theater- und literaturwissenschaftliche Forschung anerkannt wird[257]. Nicht nur der erzieherische Effekt auf das Publikum ist dabei von Bedeutung, sondern auch der erzieherische Effekt auf die Akteure des Theaters[258]. Besonders die kraftvollen, gruppendynamischen und kommunikativen Prozesse des Theaters bieten sozialarbeiterischem Handeln komplexe Vielfalt und machen es zu einer anerkannten Methode der Sozialen Arbeit[259]. Laut Kreft und Mielenz (2005) kennzeichnen sich Methoden der Sozialen Arbeit durch systematisches, zielgerich-

---

[252] Vgl. ebd.
[253] Vgl. Knitsch/Auge 2009: S. 132
[254] Knitsch/Auge 2009: S. 132
[255] Vgl. Schulz 2007: S. 194. In: Unsere Jugend 59/2007
[256] Vgl. ebd.
[257] Vgl. Hoppe 2003: S: 109
[258] Vgl. ebd.
[259] Vgl. Knitsch/Auge 2009: S. 7

tetes, ethisches und reflektiertes Vorgehen im beruflichen Umgang mit sozialen Problemen wie der hier behandelten Jugendgewalt[260]. Weiter beschreiben Kreft und Mielenz (2005), dass keine Methode der Sozialen Arbeit sich für alle Arbeitsbereiche gleichermaßen eignet und daher eine offene und reflexive Methodenvielfalt in der Sozialen Arbeit vorliegt[261]. Um auf die unterschiedlichen sozialen Problemlagen reflexiv und professionell reagieren zu können, finden sich innerhalb der Profession zahlreiche Methodenspezialisierungen, die durch Vertiefungen im Studium und durch Weiterbildungen erworben werden können[262]. Diese spezifischen Qualifikationen bringen Theaterpädagogen im Umgang mit Menschen in belastenden Lebensabschnitten ein. Theaterpädagogen beschreiben die Wirkung des Theaters und der Theaterpädagogik als krisendurchdringende Kraft, welche selbst die Arbeit mit schwer belasteten und sogar traumatisierten Menschen ermöglicht[263]. Knitsch und Kraft (2009) beschreiben die Kraft des Theaters mit einem Zitat von Egon Fridell:

*„Im täglichen Leben wird dem Menschen von Staat und Gesellschaft die Aufgabe gestellt möglichst geschickt nicht er selbst zu sein, sondern immer Hüllen, Draperien, Schleier zu tragen. Immer ist der Vorhang unten, nur einmal ist er oben: eben im Theater.“*[264]

Auch in der Arbeit mit Straffälligen ist Theaterpädagogik durchaus keine neue Idee. Erste Inszenierungen mit Inhaftierten gehen auf Herbert Blau im Jahr 1956 in den USA zurück[265]. Heute findet die Idee weltweit zahlreiche Nachahmer. In Deutschland stellt das Gefängnisensemble Auf-bruch, welches 1996 in der JVA Tegel gegründet wurde, Deutschlands größtes Gefängnistheater dar[266]. Auch haben einige Jugendgerichte die Kraft des Theaterspiels erkannt und kooperieren mit Theaterpädagogen. So startete z. B. das TAG-Theater in Rhauderfehn 2009 dessen neuntes Theaterprojekt für straffällige Jugendliche[267].

Im Theaterspiel erhalten die Teilnehmer die Möglichkeit, die Welt anders zu erfahren – spielend zu erfahren. Das (Rollen-)Spielen kann besonders nützlich sein bei der Erreichung sozialer, kognitiver und emotionaler Erziehungsziele, welche in

---

[260] Vgl. Kreft/Mielenz 2005: S. 580
[261] Vgl. ebd.
[262] Vgl. ebd. S. 584
[263] Vgl. Knitsch/Auge 2009: S. 7
[264] Knitsch/Auge 2009: S. 9
[265] Vgl. Koch/Streisand 2003: S. 113
[266] Vgl. ebd.
[267] Vgl. Knitsch/Auge 2009: S. 45

der resozialisierenden Arbeit mit straffälligen Jugendlichen einen hohen Stellenwert haben[268].

Besonders die Theaterform des Psychodramas stellt für die Soziale Arbeit eine effektive Methode mit dem Effekt einer psychotherapeutischen Kurzzeittherapie dar, welche von den Teilnehmern jedoch nicht als Therapie empfunden wird[269].

*2.3 Rollenspiel und Soziodrama*

Das im Anschluss beschriebene Projekt wird in einer Mischform des Rollenspiels und des Soziodramas konzipiert. Das Rollenspiel kennzeichnet sich durch die Übernahme fremder Rollen, denen Situations- und Handlungskontexte zugeschrieben werden[270]. Der Spieler erhält einen andern Namen, wird an einen anderen Ort versetzt und lebt die ihm zugeteilte Rolle experimentell aus. Auch das Problem, um das es gehen soll, wird vorweg bestimmt[271]. Im hier aufgeführten Projekt geht das Spiel um das Thema Gewalt. Die Texte im Rollenspiel sind jedoch nicht festgeschrieben. Alle Spieler handeln und kommunizieren daher im Zusammenspiel[272]. Der Übergang zum Soziodrama ist fließend. Dieses ist auf den Gründer J.L. Moreno zurückzuführen und stellt eine speziell für Gruppen konzipierte Theatermethode dar, welche sich mit psychosozialen Fragen problembelasteter Lebenswelten auseinandersetzt (z. B. Gewalt), mit dem Ziel der Gesundung des Individuum und der Gesellschaft[273]. Das Darstellen dieser brisanten Themen verhilft den Schauspielern durch die Übernahme fremder und eigener Rollen zu neuen Erkenntnissen und anderen emotionalen Zugangsweisen. Somit stellt das Soziodrama eine künstlerische Form des sozialen Lernens in der Gruppe dar, welches bei der Bewältigung sozialer und individueller Krisen behilflich sein und eine Verhaltensänderung bewirken kann[274]. Didaktisch setzt sich das Soziodrama aus fünf wesentlichen Techniken zusammen:

- *Doppeln der einzelnen Persönlichkeiten sowie der Gruppe als Ganzes.*
  Beim Doppeln stellt ein Teilnehmer sich hinter oder neben den Darsteller einer Rolle und erhält die Aufgabe, unausgesprochene Gefühle und Gedan-

---

[268] Vgl. Freudenreich et al. 1976: S. 9
[269] Vgl. Petzold 1993: S. 9
[270] Vgl. Freudenreich et al. 1976: S. 13
[271] Vgl. ebd.
[272] Vgl. ebd.
[273] Vgl. Wiener 2001: S. 10
[274] Vgl. ebd.

ken zusammenzufassen und laut zu äußern. Dies soll dadurch erleichtert werden, dass auch Gestik und Mimik des Darstellers imitiert werden[275]. Diese Methode verfolgt zum einen das Ziel, den dargestellten Charakter durch das Aussprechen verborgener Aspekte zu vertiefen, zum anderen bietet es dem Darsteller der Rolle Unterstützung, wenn dieser mit der Darstellung seiner Rolle und dem Einfühlen in relevante Aspekte seiner Rolle überfordert ist[276]. Der Einsatz des Dopplers kann dabei flexibel sein. Eine Anwesenheit über kurze Szenen des Stücks ist ebenso denkbar, wie die Anwesenheit das gesamte Stück über[277].

– *Arbeiten mit Skulpturen*
Die Teilnehmer schaffen ggf. durch die Zuhilfenahme von Gegenständen ein plastisches Bild, welches die Dynamik, welche der Situation zugrunde liegt, lebendig werden lässt[278]. Soll z. B. die Clique der Teilnehmer und die internen Dynamiken zum Thema der Arbeit werden, werden die Teilnehmer erst einmal aufgefordert, das hypothetische, auf Stereotype basierende Bild einer Clique zu entwerfen – z. B. Anführer, Klassenclown, Mitläufer. Als nächster Schritt werden die Mitglieder der Clique dazu aufgefordert durch das Einnehmen von Positionen und durch Zuhilfenahme von Mimik und Gestik das Beziehungsnetz innerhalb ihres Systems darzustellen[279]. Um die einzelnen Charaktere lebendiger werden zu lassen ist das Doppeln während der Skulpturarbeit möglich. Das Tauschen der Rollen unter den Darstellern ermöglicht den Teilnehmer, das dynamische Gefüge aus einem anderen Blickwinkel zu sehen und zu erleben[280].

– *Rollentausch und Rollenwechsel*
Wesentlicher Bestandteil des Psychodramas ist das Arbeiten mit sozialen Rollen. Die psychodramatische Arbeitsweise unterstützt die Darsteller in Anlehnung an die Rollentheorien darin ihr interpersonelles Funktionieren weiterzuentwickeln[281]. Um das zu erreichen werden die Darsteller darin unterstützt zu verstehen, aus welchen Komponenten (Handeln, Empfinden, Werte) sich soziale Rollen zusammensetzen und wie dadurch Konflikte ent-

---

[275] Vgl. Wiener 2001: S. 45 ff.
[276] Vgl. ebd.
[277] Vgl. ebd.
[278] Vgl. ebd. S. 42 ff.
[279] Vgl. ebd.
[280] Vgl. ebd.
[281] Vgl. Wiener 2001: S. 16

stehen können[282]. Durch die Methode des Rollentauschs erhält der Darsteller einer Rolle die Möglichkeit, aus seiner Rolle herauszuschlüpfen und die Rolle eines anderen Darstellers zu übernehmen. Auch ist denkbar, dass jemand seine Rolle von einem anderen Darsteller weiterspielen lässt und selbst als Beobachter aktiv wird[283]. Dadurch erschließen sich den Darstellern andere/neue Perspektiven der dargestellten Szene und die Auseinandersetzung mit Gedanken und Gefühlen anderer Rollen des gesamten Rollengefüges wird ermöglicht[284].

– *Selbstgespräche*

Das Selbstgespräch kann eingesetzt werden, wenn der Darsteller einer Rolle mitteilen möchte, was in ihm vorgeht, dies jedoch nicht in das psychodramatische Geschehen einbinden kann/möchte. Dies bewirkt neben dem Doppeln eine intensivere Ausgestaltung des dargestellten Charakters[285].

– *Reflektierender Abschluss*

Das psychodramatische Geschehen verläuft zirkulär, d. h. jedes Szenario wird aus einem Thema/einer Ausgangssituation heraus entwickelt, welches durch das Darstellen des Stücks bearbeitet und vertieft wird, bevor zum Abschluss der Arbeit die Ausgangssituation erneut aufgegriffen und mit den neu gewonnenen Aspekten und Erkenntnissen zusammengefügt und resümiert wird[286]. Eine Lösung im Sinne eines Happy Ends ist dabei nicht zu erwarten und widerspräche auch dem Ziel der Vermittlung unterschiedlicher Handlungsspielräume. Die Reflexion des Geschehens ist daher sehr individuell gehalten und findet auf drei Ebenen statt: Beim Rollenfeedback teilt jeder Teilnehmer den anderen mit, was er während des Spielens in den Rollen erlebt und gefühlt hat[287]. Wieder losgelöst von den gespielten Rollen teilen die Darsteller in einem weiteren Schritt der Gruppe mit, was sie persönlich beim Spielen der Rolle empfunden haben[288]. Als dritten Punkt reflektieren die Teilnehmer den thematischen Aspekt des Spiels und teilen

---

[282] Vgl. ebd.
[283] Vgl. ebd. S. 48 ff.
[284] Vgl. ebd.
[285] Vgl. ebd.
[286] Vgl. ebd. S. 50 f.
[287] Vgl. ebd. S. 51
[288] Vgl. ebd. S. 52

einander mit, welche individuellen Erkenntnisse in Bezug auf das Thema sie gewonnen haben[289].

## 2.3.1 Ziele der soziodramatischen Arbeit mit jugendlichen Gewaltstraftätern

Hoppe (2003) beschreibt, dass es sich bei theaterpädagogischen Methoden wie dem Soziodrama um ganzheitliche, Kommunikations-, Interaktions- und Kunstformen handelt, mit denen sich individuelle pädagogische Absichten, Entwicklungs- und Ausbildungsvorhaben realisieren lassen[290]. Hoppe (2003) teilt die Absichten in zwei Zielorientierungen: zum einen die sachbezogene Erziehung zum Theater, welche die Vermittlung produktiver und rezeptiver Kompetenzen beinhaltet und zum anderen die personenbezogene Erziehung, welche die Entwicklung und Ausbildung individueller Ressourcen wie Verhaltens-, Handlungs- und Urteilsfähigkeit anstrebt[291]. Letztere personenbezogene Ziele werden im Folgenden zu kognitiven, sozialen und emotionalen Kompetenzen zusammengefasst, deren Entwicklung sich mit Bezug auf Kapitel 3 als bedeutend für die Arbeit mit jugendlichen Gewaltstraftätern darstellen.

### 2.3.1.1 Identitätsentwicklung und Interaktionsfähigkeit

Im Falle der Jugendkriminalität handelt es sich um eine Erscheinung von abweichendem Verhalten. Darunter wird eine Abweichung im Verhalten gegen geltende Normen und Wertevorstellungen einer Gesellschaft verstanden[292]. Abweichendes Verhalten entsteht also, wenn Differenzen zwischen der Identität eines Individuums und den Erwartungen der Gesellschaft bestehen. Diese Problematik kann durch die Theaterarbeit und das Rollenspiel bearbeitet werden. Identität ist dabei ein individuelles Erziehungsziel, wohingegen soziale Rollen weitestgehend standardisiert sind[293].

Wohingegen Piaget die Entwicklung der Identität weitestgehend autonom gegenüber der Gesellschaft sieht, betrachtet Mead die Identität als eine innere Struk-

---

[289] Vgl. ebd.
[290] Vgl. Hoppe 2003: S. 9
[291] Vgl. ebd.
[292] Vgl. Luedtke 2008: S. 183. In: Willems
[293] Vgl. Biermann et al. 2004: S. 57

tur, welche aus gesellschaftlichen Erfahrungen erwächst[294]. Für die Begründung des Nutzens der Theaterpädagogik ist daher die Sozialisationstheorie nach Mead bedeutend. Dieser gibt dem Spiel auch in der Soziologie der Erziehung eine hohe Bedeutung. Pausewang (2000) beschreibt in Anlehnung an die Spieltheorien nach Mead das Spiel als bedeutendes Medium der Identitätsentwicklung, welche sich in zwei Phasen vollzieht. In der ersten Phase (play) gewinnt der Spielende Identität durch die Nachahmung repräsentativer Vorgänge oder Verhaltensmuster. In der zweiten Phase (game) erlebt er dann, dass seine Identität Bestandteil komplexerer gesellschaftlicher Zusammenhänge ist. Der Spielende beginnt andere Perspektiven, Normen und Werte wahrzunehmen und lernt, in welcher Situation sie relevant und rollenadäquat sind[295]. Die Wirklichkeit – also Vorgänge und Interaktionen des alltäglichen Lebens – können außerdem durch das Spiel simuliert und erprobt werden, was eine bedeutende Problembewältigungsstrategie darstellt[296]. Das Spielen rollenadäquater Reaktionen gibt den Darstellern die Möglichkeit, deren Ich-Identität neu zu erleben, ohne dabei das Gesicht vor der Gruppe zu verlieren (es wird schließlich eine Rolle gespielt).

Soziologisch betrachtet spielt jedes Individuum eine Rolle. Das Spielen sozialer Rollen hat nach Parsons Rollentheorie folgende Funktion:

*„Integration zwischen Einzelhandlungen und Systemerfordernissen. Aus der Sicht des Systems stellen Rollen nichts anderes dar als (...) Bündel von Aufgaben, die erfüllt werden müssen, um Bestand und Funktion des Systems aufrechtzuerhalten. Die Definition dieser Aufgaben ist aus den Werten abgeleitet, die in den gesellschaftlichen Subsystemen institutionalisiert sind. Aus Sicht der Individuen in Sozialsystemen stellen diese (...) Aufgaben Erwartungen dar, die an die Akteure herangetragen werden und auf welche sie mit entsprechenden Handlungsweisen antworten müssen."[297]*

Besonders delinquenten Jugendlichen fällt es oftmals schwer, rollenadäquat zu handeln. Diese Fähigkeit stellt jedoch eine Schlüsselkompetenz unserer Gesellschaft und der Entwicklung einer handlungsfähigen Persönlichkeit dar. Nur wer sich im Rahmen wechselseitiger Erwartungen selbst definieren und angemessen reagieren kann (Interaktionsfähigkeit), befähigt sich selbst zum Handeln[298]. Diese

---

[294] Vgl. Mead, zitiert nach Weintz 2008: S. 67
[295] Vgl. Pausewang 2000: S. 30
[296] Vgl. Koch/Streisand 2003: S. 281
[297] Eberle/Maindok 1994: S. 38
[298] Vgl. ebd. S. 41

mangelnde Interaktionsfähigkeit kann durch das Rollenspiel korrigiert werden[299]. Dabei ist das Spielen und Simulieren der Realität nicht zu unterschätzen. Auch der Soziologe Erving Goffman beschrieb 1976 die Theatermethode als eine Methode mit (re-)sozialisierender Wirkung:

> *„Eine Rolle, die im Theater dargestellt wird, ist nicht auf irgendeine Weise wirklich und hat auch nicht die gleichen realen Konsequenzen (...); aber die erfolgreiche Inszenierung beider (...) Gestalten basiert auf der Anwendung realer Techniken – den gleichen Techniken, mit deren Hilfe man sich im Alltagsleben in seiner realen Situation behauptet."*[300]

Weiter wurde in Kapitel 3 beschrieben, dass bei vielen Gewaltstraftätern eine mangelnde Fähigkeit zum dezentrierten Denken vorliegt. Durch das Spielen von Gewaltsituationen erhalten gewaltbereite Jugendliche die Möglichkeit, Gewaltszenen aus einer anderen Perspektive zu erleben. Das Hineinversetzen in andere wird durch die Übernahme einer Rolle erleichtert und das Theaterspiel ermöglicht den Akteuren sowie den Zuschauern das Hinterfragen des Alltags und des Normalen, in diesem Fall der Hinterfragung des gewalttätigen Geschehens[301].

## 2.3.1.2 Emotionale und moralische Entwicklung

Das Spielen einer Rolle beinhaltet auch die Auseinandersetzung mit den Problemen, Normen und Absichten der zu spielenden Rolle[302]. Der Spielende beginnt dadurch, sich in andere hineinzuversetzen, er entwickelt Empathie, was wiederum die Grundlage allen sozialen Handelns darstellt[303]. Da viele Gewaltstraftäter über eine eingeschränkte Empathiefähigkeit verfügen, birgt das Spielen einer Opferrolle z. B. die Möglichkeit, Angst, Ohnmacht, Erniedrigung, etc. zu fühlen, woraus im Anschluss Mitgefühl und Mitleid entstehen kann[304]. Auch wird durch das Rollenspielen die Fähigkeit zur Emotionsregelung gefördert, da der Wechsel von unterschiedlichen Rollen Selbstkontrolle und Emotionskontrolle erfordert[305].

---

[299] Vgl. Knitsch/Auge 2009: S. 46
[300] Goffman 1976: S. 12
[301] Vgl. Knitsch/ Auge 2009: S. 10
[302] Vgl. Freudenreich et al. 1976: S. 45
[303] Vgl. ebd.
[304] Vgl. ebd. S. 47 f.
[305] Vgl. Hoppe 2003: S. 31

Weiter bietet das Theaterspiel eine quasitherapeutische Wirkung[306]. Die theoretische Einführung zeigte auf, dass Gewaltstraftäter in ihrer familiären Sozialisation vermehrt eigenen Gewalterlebnissen ausgesetzt waren. Pausewang (2000) bezieht sich auf Freud und erläutert, dass das Spiel auch zur Aktualisierung von Vergangenem genutzt werden kann. Erlebte, verletzende Erfahrung, wie eigene Opfererfahrungen, können durch das Spiel aufgearbeitet und verarbeitet werden[307]. Auch verborgene Gefühle, Fantasien und Wünsche lassen sich im fiktiven Rahmen des Rollenspiels kommunizieren[308]. In Anlehnung an die Persönlichkeitstheorie und Psychoanalyse nach Freud ist dieses Ausleben verdrängter Emotionen von hoher Bedeutung für die Verarbeitung von Entwicklungsproblemen und der Entwicklung eines gesunden Ichs[309]. Aber auch die Übernahme einer positiven Rolle mit sympathischer, attraktiver Ausstrahlung kann über einen hohen emotionalen Nutzen für den Spielenden verfügen. Sich in eine beliebte Person zu verwandeln, Aufmerksamkeit, Anerkennung und Zuneigung zu erhalten, ist besonders für delinquente Jugendliche oftmals eine neue Erfahrung, welche aus psychologischer Sicht das Selbstwertgefühl des Spielenden enorm steigern kann[310].

## 2.3.1.3 Verbale und nonverbale kommunikative Entwicklung

Schulz von Thun (1977) beschreibt zwischenmenschliche verbale Kommunikation als einen Vorgang, bei dem sich der Sender und Empfänger einer Nachricht austauschen, mit dem Zweck der Verständigung[311]. Dabei kann es um sachbezogene, gefühlsbezogene, selbstoffenbarende Inhalte sowie Appelle gehen. Das Medium ist die Sprache[312]. Mühlisch (2007) betont ergänzend dazu die Bedeutung der nonverbalen Kommunikation, da diese mehr als 50 % der gesendeten Information ausmacht[313]. Als nonverbale Kommunikation beschreibt Mühlisch (2007) alle bewussten und unbewussten Aspekte der Körpersprache wie Mimik, Gestik, Körperhaltung, etc[314]. Schulz von Thun (1977) merkt an, dass nur eine effektive Zusammenarbeit der beiden kommunizierenden Parteien zu Verständnis und Wohlergehen

---

[306] Vgl. Weintz 2008: S. 156
[307] Vgl. Pausewang 2000: S. 31
[308] Vgl. Weintz 2008: S. 156
[309] Vgl. ebd. S. 157
[310] Vgl. ebd. S. 158
[311] Vgl. Fittkau et al. 1977: S. 9
[312] Vgl. ebd.
[313] Vgl. Mühlisch 2007: S. 8
[314] Vgl. ebd. S. 8 f.

beider Parteien führen kann und bemerkt zugleich, dass die zwischenmenschliche Kommunikation vielfältigen Pannen unterliegt, was wiederum zur Einsamkeit und gestörten Mitmenschlichkeit des Betroffenen führen kann[315]. Aus dem theoretischen Teil dieser Arbeit geht hervor, dass jugendliche Gewalttäter vermehrt mangelnde verbale und nonverbale Fähigkeiten aufweisen. Die Redewendung „die Fäuste sprechen lassen" gibt auf einfache Weise wieder, dass die mangelnde Fähigkeit zur verbalen Konfliktlösung die Anwendung von Gewalt begünstigt. Weiter lässt die jugendtypische Erklärung für die Anwendung von Gewalt „Er hat mich doof angeguckt." Rückschlüsse darauf zu, dass einfachste nonverbale Ausdrucksformen von Gewalttätern als provokant und gewaltrechtfertigend gedeutet werden. Die theaterpädagogische Arbeit mit ihren intensiven verbalen und nonverbalen Charaktereigenschaften bietet umfangreiche Möglichkeiten des Trainings der verbalen und nonverbalen Fähigkeiten. Das darstellende Spiel vermittelt den Teilnehmern, ihren Körper als Träger von Informationen und Übermittler von Botschaften zu nutzen[316]. Gezielte Wahrnehmungsübungen, das Doppeln und Darstellen vor Spiegeln oder auf Videoaufzeichnungen bieten den Teilnehmern die Möglichkeit, ihr eigenes nonverbales Kommunikationsrepertoire kennenzulernen, zu reflektieren und zu erweitern.

## 2.4 Begründung der berufsbildenden Komponente

In den einleitenden Worten zu den Zielen der soziodramatischen Arbeit wurde erwähnt, dass Hoppe (2003) eine duale Zielorientierung des Soziodramas beschreibt. Die Komponente der sachbezogenen Erziehung steht im engen Zusammenhang mit der berufsbildenden Komponente des folgenden Projekts. Da die Analyse der Sozialisations- und Lebensbedingungen jugendlicher Gewaltstraftäter ergab, dass bei vielen Betroffenen mangelnde Bildung sowie drohende Arbeitslosigkeit vorliegen und die gewaltfördernden Momente, welche diese Umstände beinhalten, erläutert wurden, wurde bei der Planung dieses Projekts eine berufsbildende Komponente mitberücksichtigt. Zum einen, um die Jugendlichen vom Sozialisationsfeld Straße weg, hinein in ein geregeltes Ausbildungsverhältnis zu bringen und zum anderen, um die Jugendlichen von kriminellen Handlungen zur Beschaffung materieller und emotionaler Ressourcen abzuhalten. Einen wesentlichen Bestandteil der Resoziali-

---

[315] Vgl. Fittkau et al. 1977: S. 9
[316] Vgl. Hoppe 2003: S. 17

67

sierung trägt in diesem Projekt daher die Schaffung beruflicher Perspektive sowie der Zugang zum Ausbildungs- und Arbeitsmarkt[317].

## 2.4.1 Schaffung beruflicher Perspektiven

Beim Planen, Einüben und Aufführen eines Theaterspiels werden neben den personellen Fähigkeiten umfangreiche praktische und theoretische Kenntnisse über das Medium Theater vermittelt[318]. Die Bereiche der Licht- und Tontechnik, Raum- und Kulissengestaltung sowie die Öffentlichkeitsarbeit bieten den Teilnehmern ein breites Spektrum an beruflichen Orientierungen. Mit Unterstützung der Sozialarbeiter lernen die Teilnehmer ihre persönlichen Kompetenzen, beispielsweise im technischen, kreativen oder handwerklichen Bereich kennen und setzen sich mit passenden Berufsbildern auseinander.

## 2.4.2 Verbesserung der Chancen auf dem Arbeitsmarkt

Das folgende Projekt strebt an, durch Öffentlichkeitsarbeit und Zusammenarbeit mit der ARGE, ortsansässige Ausbildungsbetriebe zur Zusammenarbeit zu gewinnen, um den Teilnehmern Praktikumsmöglichkeiten und eventuelle Übernahmen in Ausbildungsverhältnisse zu ermöglichen. Um die Chancen für die Bewerber auf einen Praktikums-/Ausbildungsplatz zu verbessern nehmen die Teilnehmer des Projekts zusätzlich zur Theaterarbeit an einem Bewerbungstraining im Hause teil. Dabei erhalten sie Unterstützung bei der formalen und inhaltlichen Erstellung ihrer Bewerbungsunterlagen und üben in Rollenspielen Vorstellungsgespräche ein. Ziel ist es, die Teilnehmer zu kompetenten, selbstsicheren Bewerbern mit erhöhten Chancen auf dem Arbeitsmarkt zu machen.

## 2.5 Zusammenfassung

Die Weiterentwicklung ambulanter Maßnahmen für jugendliche Gewaltstraftäter soll hier in Form eines Projekts mit theaterpädagogischer Komponente vorgenommen werden. Die Theaterpädagogik zeichnet sich dabei durch ihre gruppendynami-

---

[317] Vgl. Dreßel 2007: S. 114
[318] Vgl. Hoppe 2003: S. 118

schen Interaktions- und Kommunikationsprozesse als anerkannte Methode der Sozialen Arbeit aus. Die Spielform des Soziodramas eignet sich in hohem Maße für die Arbeit mit Gruppen in psychosozial belasteten Situationen und wird daher als Grundlage für die Weiterentwicklung der ambulanten Maßnahme gewählt. Bei der soziodramatischen Arbeit mit jugendlichen Gewaltstraftätern stehen die Identitätsentwicklung und Verbesserung der Interaktionsfähigkeit der Teilnehmer sowie die Förderung der verbalen und nonverbalen kommunikativen Fähigkeiten und der emotionalen und moralischen Entwicklung im Fokus des sozialpädagogischen Interesses. Bei der Durchführung des geplanten Projekts wird außerdem eine berufsbildende Komponente berücksichtigt, da der Zugang zum Ausbildungs- und Arbeitsmarkt als wesentliches Resozialisierungswerkzeug betrachtet wird. Dies wird durch die Schaffung beruflicher Perspektiven sowie der Verbesserung der Chancen auf dem Arbeitsmarkt angestrebt.

## 3. Konzeption FairKörpern – Ein theaterpädagogisches Projekt für jugendliche Gewaltstraftäter

Beruhend auf der Reflexion des theoretischen Teils dieser Arbeit hat die Autorin im folgenden Abschnitt Ideen für die Verbindung eines Anti-Gewalt-Trainings mit theaterpädagogischem Arbeiten für jugendliche Gewalttäter zusammengestellt: das Projekt FairKörpern. Dazu finden sich zusammengefasst in einem Konzept die wichtigsten strukturellen und methodischen Inhalte sowie einige Ideen zur Umsetzung.

### 3.1 Grundgedanke

Mehrfach straffällig gewordene junge Menschen befinden sich oft in schwierigen Entwicklungsphasen basierend auf negativ zu bewertenden Sozialisationserfahrungen. Die Sanktionierung durch Jugendstrafe stellt keine entwicklungsfördernde Alternative dar und soll deshalb dringend vermieden werden. Das Projekt FairKörpern versteht sich nicht als Sanktionsinstrument der Justiz, sondern als Chance für junge Menschen, sich selbst besser kennenzulernen, ihr aggressives Verhalten zu reflektieren, ihnen Handlungsalternativen zu bieten und vor allem ihnen den Zugang zu elementaren sozialen Netzen wie Freizeitvereinen und Arbeitsgelegenheiten zu ermöglichen. Basierend auf einer wertschätzenden Grundhaltung wird jeder Jugendliche als komplexes Individuum wahrgenommen, dessen Identität sich nicht lediglich auf dessen aggressive und kriminelle Anteile begrenzt, sondern zahlreiche entwicklungsfähige Ressourcen birgt.

### 3.2 Rechtliche Grundlagen

FairKörpern ist ein nicht wirtschaftlicher Verein auf der Grundlage des § 21 BGB, dessen Geschäftsbetrieb nicht auf Wirtschaftlichkeit gerichtet ist, sondern gemeinnützige Zwecke nach § 52 AO verfolgt[319].

Die Legitimation zur Zusammenarbeit mit Jugendgerichten und verurteilten Jugendlichen ergibt sich aus § 10 JGG.

---

[319] Vgl. Stascheit 2008: S. 806/1907

Da FairKörpern eine Maßnahme des Jugendgerichtsgesetzes darstellt, ist es an die Erreichung des Ziels gebunden, die Entwicklung der Jugendlichen soweit positiv zu beeinflusst und zu fördern, dass es ihnen gelingen kann, künftig ein straffreies Leben zu führen (positive Individualprävention)[320].

Ausgehend von der Annahme, dass abweichendes und delinquentes Verhalten auf fehlende soziale und emotionale Kompetenzen sowie auf eine mangelnde Einbindung in soziale Netze zurückzuführen ist, verfolgt das Projekt individuelle, spezifische Ziele zur emotionalen, sozialen und seelischen Entwicklung sowie Ziele, welche den Teilnehmern dazu befähigen sollen, einen ersten Schritt in der Erwerbswelt zu machen. Das übergeordnete Ziel ist die Vermeidung der Exklusion und die Inklusion in die Gesellschaft. Da jeder Teilnehmer des Projekts eigene Schwierigkeiten mitbringt, werden mit jedem Teilnehmer auch individuelle Ziele festgelegt. Diese Ziele bewegen sich in den folgenden Bereichen:

– Herbeiführen einer Verhaltensänderung;
– Auseinandersetzung mit dem eigenen (aggressiven) Verhalten;
– Erhöhte Handlungsfähigkeit im Umgang mit provokativen/aggressionsauslösenden Reizen;
– Erkennen und Erleben von Gefühlen;
– Entwicklung des dezentrierten Denkens;
– Befähigung zur Empathie;
– Teamfähigkeit;
– Stärkung des Selbstvertrauens/Selbstwertgefühls;
– Verbesserung des Selbstbilds;
– Befähigung zur Impulskontrolle;
– Förderung der verbalen und nonverbalen Kommunikationsmöglichkeiten;
– Schaffung einer Zukunftsperspektive;
– Anbindung an soziale Netze (Vereine, Gruppen, etc.);
– Verbesserung der Chancen auf dem Arbeitsplatz;
– Üben von Vorstellungsgesprächen.

---

[320] Vgl. Theoretische Rahmenbedingungen 5.1

*3.4 Zielgruppe und Ausschlusskriterien*

Das Angebot von FairKörpern richtet sich an heterogene Geschlechtergruppen zwischen dem 16. und 21. Lebensjahr, welche nach § 10 JGG verurteilt wurden oder nach § 23 JGG im Rahmen einer Bewährungsstrafe zur Teilnahme verpflichtet wurden. Es ist konzipiert für Gewaltstraftäter mit günstiger Sozialprognose und für Straffällige mit besonderer Motivation zur Teilnahme. Es ist außerdem nur zugänglich für Jugendliche/Heranwachsende, deren psychische Konstitution den Anforderungen des Projekts entspricht. Die erforderlichen Eignungen werden in Kooperation mit der Jugendgerichtshilfe in einem Bewerbungsverfahren geprüft.

Das Projekt ist ausdrücklich nicht geeignet für Straffällige bei denen Drogen- und/oder Substanzmissbrauch vorliegt, Straffällige mit psychischen Erkrankungen, männlichen Straffälligen mit Sexualdelikten, Straffälligen mit erheblichen sprachlichen Schwierigkeiten sowie Personen, die aufgrund einer schweren körperlichen Erkrankung nicht auf dem Arbeitsmarkt vermittelt werden können.

*3.5 Aufnahmeverfahren*

Vor der Teilnahme am Projekt FairKörpern nimmt jeder Jugendliche an einem Aufnahmegespräch teil. Dieses gemeinsame Gespräch mit dem Jugendlichen, evtl. dessen Erziehungsberechtigten, der Vertretung der Jugendgerichts- oder Bewährungshilfe soll dem gegenseitigen Kennenlernen dienen und zugleich die Motivation sowie die Eignung zur Teilnahme am Projekt feststellen. Die Mitarbeiter des Projekts FairKörpern stellen dieses vor und zeigen Möglichkeiten sowie Grenzen auf. Der Jugendliche erhält ebenfalls die Möglichkeit, zu erläutern, wie er auf FairKörpern aufmerksam wurde, was er erwartet und ob seine Erwartungen mit den Möglichkeiten und Grenzen des Projekts vereinbar sind. Außerdem werden die persönlichen Daten aufgenommen.

Weitere Voraussetzung für die Aufnahme ist das Unterzeichnen des Projektvertrags durch den Jugendlicher bzw. Erziehungsberechtigten und den zuständigen Mitarbeiter des Projekts. Der Jugendliche willigt ein, sich an alle geltenden Regeln zu halten und erhält einen Ausdruck des Regelwerks:

## Projektvertrag FairKörpern

Zwischen............................ und ........................................

Name, Vorname des Teilnehmers     Name, Vorname des Mitarbeiters

Das Projekt findet in der Zeit

vom............................... bis zum ....................................

von...................................Uhr bis.................................Uhr

statt.

Mit meiner Unterschrift verpflichte ich mich, täglich und regelmäßig am Projekt teilzunehmen. Krankheit oder andere entschuldbare Gründe für ein Nichterscheinen teile ich den Mitarbeitern unverzüglich mit.

Weiter verpflichte ich mich, die Gruppenregeln, welche mir mit diesem Vertrag ausgehändigt wurden und Anweisungen der Mitarbeiter zu befolgen und alle persönlichen Inhalte des Projekts vertraulich zu behandeln.

Ich bin damit einverstanden, dass die Mitarbeiter des Projekts Informationen über mich einholen, welche im Zusammenhang mit diesem Projekt wichtig erscheinen.

Ich bin mir auch bewusst, dass die Mitarbeiter verpflichtet sind in meinem eigenen Interesse mit dem Jugendgericht und der Jugendgerichts-/Bewährungshilfe zu kooperieren.

_____  _____
Ort, Datum         Unterschrift des Teilnehmers

_____  _____
Ort, Datum         Unterschrift des Erziehungsberechtigten
                 (bei Minderjährigkeit)

_____  _____
Ort, Datum         Unterschrift des Mitarbeiters

# Regelwerk FairKörpern[321]

Jegliche Form der Gewalt ist verboten. Dazu zählen auch Beschimpfungen und Bedrohungen.

Das Mitbringen von Waffen ist strengstens untersagt.

Alles was in der Gruppe besprochen wird bleibt innerhalb des Hauses und wird von mir vertraulich behandelt.

Ich höre auf das, was die Mitarbeiter mir sagen.

Wir gehen höflich miteinander um.

Ich höre zu und rede nicht dazwischen. Ich führe auch keine leisen Gespräche mit meinem Sitznachbarn.

Wir lösen Konflikte offen und mit Worten.

Ich gebe zu, wenn ich mal etwas falsch gemacht habe.

Ich gebe anderen Rückmeldung, um ihnen zu helfen, nicht um sie zu verletzen.

Ich komme morgens pünktlich.

Wenn ich krank bin oder aus einem anderen wichtigen Grund nicht kommen kann, melde ich mich morgens telefonisch oder persönlich ab.

Während des Projektverlaufs benutze ich kein Handy, mp3-Player oder ähnliches technisches Unterhaltungsmedium.

Das Trinken von Alkohol und das Konsumieren von Drogen ist während des Projekts nicht erlaubt.

Ich gehe mit dem Inventar und den Requisiten sorgsam um und zerstöre nichts.

Ich lache niemanden aus. Auch nicht, wenn dieser eine Rolle spielt.

---

[321] Modifiziert nach AAT nach Morath et al. 2004: S. 144

Das Projekt FairKörpern ist für eine Gruppengröße von 8-10 Teilnehmern konzipiert und gliedert sich in zwei Phasen:

1. Theaterprojektphase
2. Praktikumsphase

Beide Phasen dauern jeweils drei Monate. In der Theaterprojektphase gilt der folgende Wochenplan. Während der Praktikumsphase gelten die mit den Praktikumsstellen vereinbarten Arbeitszeiten.

| Wochenplan FairKörpern | | | | | |
|---|---|---|---|---|---|
| | Mo. | Di. | Mi. | Do. | Fr. |
| Vormittags | Gruppen-sitzung | Theater | Theater | Theater | Gruppen-sitzung |
| Nachmittags | AG | Bewerbungs-training | AG | Theater | |

Die Gruppensitzungen finden zweimal wöchentlich statt. Gemeinsam in der Gruppe werden dort gewaltspezifische Themen aufgearbeitet sowie Zukunftsperspektiven erarbeitet.

Das Theater findet viermal wöchentlich statt. Durch das Schreiben und Einüben eines Theaterstücks werden soziale und emotionale Kompetenzen auf spielerische und sensuelle Weise gefördert.

Während den zweimal wöchentlich stattfindenden Arbeitsgruppen (AG) erarbeiten die Teilnehmer alles Nötige zur Abrundung des Theaterstücks. Musik und Lichtkonzepte werden zusammengestellt, das Bühnenbild erstellt, Kostüme und Requisiten ausgesucht und die Masken erarbeitet.

Das Bewerbungstraining findet an einem Nachmittag in der Woche statt und verhilft allen Teilnehmern zu adäquaten Bewerbungsunterlagen und hilft bei der Suche einer geeigneten Praktikumsstelle.

Während der Praktikumsphase steht jeder Teilnehmer mit seinem Betreuer in Kontakt.

*3.7 Personelle Besetzung*

Die Durchführung des Projekts erfolgt durch zwei hauptamtliche pädagogische Mitarbeiter, welche Unterstützung durch Honorarkräfte erhalten. Um besonders den männlichen Jugendlichen ein adäquates Rollenvorbild zu schaffen empfiehlt sich die Beschäftigung von mindestens einem männlichen Mitarbeiter.

Absolute Voraussetzung für die pädagogischen Mitarbeiter des Projekts ist die persönliche Spielbereitschaft und Spielfähigkeit sowie eine spieltheoretische und spielpädagogisch-didaktische Kompetenz. Eine Ausbildung zum Bachelor of Arts Soziale Arbeit (oder einem gleichwertigen Abschluss) mit dem Schwerpunkt Theaterpädagogik ist bei mindestens einem hauptamtlichen Mitarbeiter zwingend erforderlich. Des Weiteren muss dem theaterpädagogischen Mitarbeiter die soziodramatische Gruppenarbeit vertraut sein. Da FairKörpern sich an gewaltbereite, zum Teil schwerbelastete Jugendliche richtet, ist eine hohe psychische Belastbarkeit erforderlich. Den Mitarbeitern steht eine regelmäßige Supervision zur Verfügung.

*3.8 Kooperationspartner*

Das Projekt FairKörpern kooperiert mit den zuständigen Jugendgerichten, Anwälten, Jugendämtern, Jugendgerichts- und Bewährungshilfen. Durch die Kooperation soll eine optimale Unterstützung der Jugendlichen und eine effektive Hilfeplanung erreicht werden. Da die Teilnahme am Projekt nach richterlicher Weisung erfolgt, ist das Projekt verpflichtet, dem Jugendgericht umgehend Bericht zu erstatten, wenn ein Teilnehmer nicht erscheint oder die Teilnahme abbricht. Nach § 11(3) JGG kann der Richter die Nichterfüllung der Weisung mit bis zu vier Wochen Jugendarrest sanktionieren[322].

Des Weitern kooperiert das Projekt mit der ARGE. Die ARGE unterstützt das Projekt finanziell als Leistung zur Eingliederung in Arbeit (§ 16 SBG II)[323]. Die

---

[322] Vgl. Stascheit 2008: S. 2088
[323] Vgl. ebd. S. 169

Jugendlichen erhalten dadurch auch von der ARGE die sog. Entschädigung für Mehrfachaufwendung (Motivationsgeld von 1 €) nach § 16(3) SGB II[324].

Weiter kooperiert FairKörpern zur Unterstützung der berufsfördernden Elemente mit anerkannten Bildungsträgern sowie mit einer großen Anzahl an ortsansässigen oder nahe gelegenen Ausbildungsstätten. Dabei sind unterschiedliche Interessen und Fähigkeiten für die Berufsauswahl berücksichtigt.

*3.9 Evaluation*

Um die Sachverhalte im Projekt analysieren, reflektieren und ggf. modifizieren zu können werden regelmäßig projektbezogene Daten systematisch und schriftlich zusammengetragen[325].

In Bezug auf die Strukturqualität werden evaluiert:

- die Mitarbeiterstruktur (Anzahl, Betreuungsschlüssel, Qualifikation, Fortbildung);
- die Ausstattung des Gebäudes, der Standort und das Umfeld;
- die Konzeption;
- die wirtschaftlichen und finanziellen Ressourcen;
- die Aufbau- und Ablauforganisation;
- die Kontrolle der Qualitätsentwicklung (Dokumentation)[326].

Die Prozessqualität soll sicherstellen, dass diejenigen Aktivitäten, die zur Zielerreichung unternommen werden, optimiert werden können. Hier finden Aktivitäten innerhalb aller drei Bereiche (Gruppensitzungen, Theater, Arbeitsgruppen) Berücksichtigung. Evaluiert wird in Anlehnung an die vereinbarten Standards zur Sicherung der Prozessqualität bei Sozialen Trainingskursen, u. a.:

- das Erstgespräch;
- die Hilfeplanung;
- die Partizipation der Jugendlichen;
- die Interaktion und Kommunikation;
- die fachliche und professionelle Kompetenzumsetzung.

---

[324] Vgl. ebd. S. 170
[325] Vgl. Kreft/Mielenz 2005: S. 265
[326] Vgl. Karpf 2004: S. 21

**Standards zur Sicherung der Prozessqualität**[327]

- Das Projekt besteht aus einem Gruppenprogramm mit zusätzlichen Einzelgesprächen sowie besonderen Angeboten im Bereich der Theaterarbeit und der Berufsbildung;

- Geregelte Aufnahmeverfahren mit Beteiligung der Jugendlichen, Sorgeberechtigten und Jugendgerichtshilfe;

- Schriftliches Material zum Projekt steht zur Verfügung;

- Erstgespräch

  - Der Jugendliche lernt Leitung und Mitarbeiter des Projekts kennen

  - Personenbezogene Daten werden erhoben

  - Information über Abläufe, Termine, Dauer, Regeln, Betreuung, Abbruchkriterien

  - Aufnahme- und Ausschlusskriterien werden geprüft

  - Der Jugendliche erklärt seine Bereitschaft zur Teilnahme und erkennt durch Unterschrift unter einem Vertrag die Konditionen an

  - Jeder Jugendliche erhält einen individuell ausgehandelten Hilfeplan mit Zielvereinbarung. Die Ziele werden während des Projekts kontinuierlich überprüft;

  - Der Jugendliche wird regelmäßig zur Einschätzung seiner Entwicklung befragt;

  - Die Teilnehmer werden bei der Ausgestaltung des Programms beteiligt;

  - Die Bewertung der Maßnahme soll im Einzelgespräch sowie in der Gruppe erfolgen;

---

[327] Modifiziert nach: www.efh-darmstadt.de

- Fortlaufende Dokumentation des Ablaufs und der Ereignisse;

- Die Kooperationspartner werden über Ereignisse oder den Abbruch der Maßnahme zeitnah informiert. Dazu wird ein Abschlussbericht verfasst und an die zuständigen Stellen versandt;

- Es findet ein Abschlussgespräch statt. Darin wird dem Jugendlichen auch das Angebot gemacht, sich zukünftig bei Hilfe- und/oder Beratungsbedarf an die Einrichtung zu wenden.

Die Ergebnisqualität, also den Erfolg eines Projekts, dessen Ziele u. a. die Verringerung von Aggressivität und die Steigerung emotionaler Kompetenzen sind, vollständig zu messen, fällt methodisch, ethisch und moralisch schwer[328]. Es bleibt hinzunehmen, dass bestimmte Dinge in Zahlen und Werten nicht auszudrücken sind[329]. Die „Maßstäbe", an denen FairKörpern sich misst, sind nicht als konstante, absolute Größen zu verstehen, sondern als eine gemeinsame Aushandlung der Erwartungen und Ziele der Beteiligten, welche sich an gesellschaftlichen Normen und Werten lediglich orientieren[330]. Evaluiert werden daher:

- die individuell ausgehandelten Ziele;
- die Zufriedenheit der Jugendlichen;
- die Zufriedenheit der Kooperationspartner

**Vorschläge zur Fremdevaluation FairKörpern**

Der Evaluationsbogen für die Teilnehmer des Projekts soll möglichst folgende Fragen abdecken und den Teilnehmern die Möglichkeit zur intensiven Stellungnahme bieten.

Was hast du im Training erreicht?

Woran musst du noch weiter arbeiten?

Was hat dir besonders gut gefallen?

---

[328] Vgl. Boysen/Strecker 2002: S. 17
[329] Vgl. ebd.
[330] Vgl. Karpf 2004: S. 20

Was hat dir gar nicht gefallen?

Haben dir die bearbeiteten Themen gefallen?

Welches Thema hat dir besonders gefallen?

Wusstest du zu jeder Zeit, worum es geht?

Warst du mit dem Mitarbeiterteam zufrieden?

Was fiel dir im Projekt schwer/leicht?

## 4. Curriculum FairKörpern

Zwar stammt der Begriff Curriculum ursprünglich aus dem schulischen Bereich, jedoch gewinnt die curriculare Entwicklung auch in der Sozialen Arbeit immer mehr an Bedeutung[331]. Als Curriculum werden festgeschriebene systemische Vorgehensweisen beschrieben, die Inhalte, Methoden und Ziele nennen[332]. Das Projekt FairKörpern wird in folgendem Curriculum in vier Bereiche geteilt:

- Gruppensitzungen, welche das Thema Aggression und Gewalt bearbeiten;
- Theatermodul;
- Arbeitsgruppen (AG);
- Bewerbungstraining.

Die Gruppensitzungen werden in einem geschlossenen Curriculum festgehalten, d. h. der komplette Inhalt inkl. Materialien, Methoden, Übungen und Zielen steht von vornherein fest[333]. Die Durchführung des Theaters, der Arbeitsgruppen und des Bewerbungstrainings werden in offenen Curricula beschrieben, was bedeutet, dass die Durchführung dieser beiden Bereiche sich im Wesentlichen durch Partizipation der Teilnehmer auszeichnet[334].

### 4.1 Gruppensitzungen

Das gesamte Curriculum für die Gruppensitzungen ist in fünf Module gegliedert:

- Kennenlernen. Die Gruppe kennenlernen, die Regeln kennenlernen, sich selbst kennenlernen
- Auseinandersetzung mit der Tat
- Zukunftsperspektive
- Freundschaft und Freizeit
- Rückblick und Abschluss

---

[331] Vgl. Kreft/Mielenz 2005: S. 187
[332] Vgl. ebd.
[333] Vgl. ebd. S. 188
[334] Vgl. ebd.

81

## 1. Gruppensitzung

Kennenlernfrühstück.

Alle Teilnehmer und Mitarbeiter treffen sich zum gemeinsamen Frühstücken in der Einrichtung. Jeder wird vorgestellt und formuliert Erwartungen an das Projekt.

Anleitung: Es finden sich jeweils zwei Teilnehmer zusammen. In einem Gespräch versucht Teilnehmer A einzuschätzen, wer Teilnehmer B ist (Alter, Familie, Musikgeschmack, Hobbys). Nachdem beide Teilnehmer ihre Vermutungen/Vorurteile geäußert haben, stellen sie sich einander selbst vor und stellen falsche Einschätzungen richtig. Im Anschluss findet sich die gesamte Gruppe wieder zusammen und die Gesprächspartner der Zweiergruppen stellen sich gegenseitig der Gruppe vor.

Material: Keins.

Ziele: Einander kennenlernen, Auseinandersetzung mit Vorurteilen, Förderung sprachlicher Kompetenz.

Vorstellung des Ablaufs des Projekts

Die Mitarbeiter stellen auf einem Plakat den Projektablauf vor.

Material: Plakat, Stifte.

Ziele: Vermittlung des Vorgehens.

Vorstellen/Erarbeiten der Regeln

Die im Vorgespräch erläuterten Regeln werden erneut durchgegangen. Außerdem werden mit den Teilnehmern zusammen eventuell zusätzliche Regeln erarbeitet.

Anleitung: Jeder Teilnehmer schreibt mindestens eine Regel auf und bringt sie an der Wand des Gruppenraums an.

Material: Pappkärtchen, Stifte, TESA/Kreppband.

Ziele: Auseinandersetzung mit den Regeln.

## 2. Gruppensitzung

Wer bin ich?

Anleitung: Jeder Teilnehmer lässt die Konturen seines Körpers auf Papier zeichnen und gestaltet diese nach den eigenen Vorstellungen des Selbst.

Material: Zeichenpapierrolle, Stifte, Farben, Scheren, Kleber.

Ziele: Auseinandersetzung mit der eignen Ich-Identität.

Rückblick auf die erste Woche

Anleitung: Jeder Teilnehmer erläutert, wie er die erste Woche erlebt hat. Was hat besonders gut gefallen? Was nicht? Außerdem ordnet jeder Teilnehmer jedem Wochentag ein Gefühl durch das Zeigen eines Emoticons zu.

Material: Emoticons (ängstlich, aufgeregt, traurig, gelassen, zufrieden, überrascht, etc.).

Ziele: Auseinandersetzung mit den eigenen Gefühlen, Förderung sprachlicher Kompetenz.

Hausarbeit: Was kann ich gut?

Anleitung: Jeder Teilnehmer soll sich über das Wochenende überlegen, was er gut kann.

Ziele: Fokussierung auf positive (Charakter-)Eigenschaften.

## 4. Gruppensitzung

Was kann ich? Präsentation der Hausarbeit.

Anleitung: Die Ergebnisse werden auf Pappkärtchen geschrieben und an den gestalteten Eigenportraits befestigt.

Material: Pappkärtchen, Stifte, TESA.

Ziele: Fokussierung auf positive (Charakter-)Eigenschaften, Stärkung des Selbstvertrauens, Erhöhung des Selbstwertgefühls.

Was möchte ich an mir verändern?

Anleitung: Jeder Teilnehmer schreibt eine Sache auf, die ihn aus seiner Sicht in Schwierigkeiten bringt und die er verändern möchte. Dies wird in

Form eines Annährungsziels oben auf eine Skala von 0-10 geklebt und markiert, bei welcher Zahl der Skala sich der der Teilnehmer gerade befindet. Die Skalen werden neben den Selbstportraits angebracht.

Material: Bastelpappe, Stifte, Kleber.

Ziele: Vermittlung der Bedeutung von kleinen Schritten bei der Erreichung von Zielen, Identifikation persönlicher Veränderungswünsche.

## MODUL 2
## Auseinandersetzung mit der Tat

### 4. Gruppensitzung

Vertrauensübung (Blinde Kuh)[335].

Anleitung: Die Augen eines Teilnehmers werden mit einem Tuch verbunden. Die anderen Teilnehmer verteilen Stühle und Tische als Hindernisse im Raum. Nur durch Zurufe soll der Teilnehmer mit den verbundenen Augen den Weg durch den Raum finden ohne gegen einen Gegenstand zu stoßen.

Material: Schal oder Tuch, Tische, Stühle oder andere Hindernisse.

Ziele: Vertrauen ausprobieren/erleben, das Gefühl des Ausgeliefertseins erleben.

Schildern der Gewalttat

Anleitung: Jeder Teilnehmer schildert seine Gewalttat(en) und äußert, an welcher Stelle er sich zur Gewaltanwendung provoziert sah.

Material: Keins.

Ziele: Auseinandersetzung mit der Tat, Identifikation persönlicher gewaltfördernder Momente, Reflexion.

---

[335] Quelle: Toprak 2001: S. 102

**Gewalthierarchie**

Anleitung: Jeder Teilnehmer stellt eine Hierarchie auf angefangen bei „Was macht mich etwas aggressiv?" bis hin zu „Was macht mich sehr aggressiv?". Gemeinsam werden diese Momente geschildert, ggf. dargestellt und Lösungen erfunden/gefunden, wie dem Ansteigen der innerlichen Aggression zu entkommen ist.

Material: Papier, Stifte.

Ziele: Identifikation der individuellen Stressoren, Bewusstmachen der eigenen Handlungsfähigkeit, Entschärfung provozierender Situationen.

## 6. Gruppensitzung

Übung: Schimpfwörter[336].

Anleitung: Jeder Teilnehmer schreibt auf einem Blatt Papier drei Schimpfwörter auf, von denen er sich persönlich angegriffen fühlt und die ihn in der Vergangenheit zu Gewaltanwendungen provoziert haben und gibt es beim Kursleiter ab. Der Kursleiter wählt einen der Begriffe aus und sagt diesen dreimal in aggressiver Tonlage zum Teilnehmer. Dann gibt der Kursleiter die Liste weiter an die übrigen Teilnehmer und jeder liest einen der Begriffe laut vor. Die Aussprache und Betonung einiger Begriffe kann auf die Teilnehmer witzig wirken und sie zum Lachen bringen. Dies lockert die Situation auf und ist daher nicht verboten. Nach Abschluss der Runde soll der betroffene Teilnehmer schildern, wie er sich gefühlt hat und wie die Worte auf ihn gewirkt haben.

Anmerkung: Toprak (2001) beschreibt diese Übung im Rahmen eines Anti-Aggressions-Kurses mit türkeistämmigen Jungen. Er weist darauf hin, dass Schimpfwörter, welche die Mutter, die Frau oder die Schwester betreffen, nicht vorgelesen werden sollen[337].

Material: Zettel, Stifte.

Ziele: Humorvoller Umgang mit Schimpfwörtern, Steigerung der Frustrations- und Aggressionstoleranz.

---

[336] Quelle: Toprak 2001: S. 100 f.

## 7. Gruppensitzung

Abendveranstaltung: Theaterbesuch.

Die Teilnehmer und Mitarbeiter des Projekts besuchen gemeinsam ein Theaterstück. Ein Stück zum Thema Gewalt, Gruppenzwang, Alkohol, etc. wäre denkbar.

Ziele: Stärkung des Gruppengefüges, Erleben der Theatersituation als Zuschauer.

## 8. Gruppensitzung

Reflexion des Theaterstücks.

Anleitung: Alle Teilnehmer kommen im Stuhlkreis zusammen und reden über das gesehene Theaterstück: Was hat gut gefallen? Was nicht? Was war das zentrale Thema? Was waren die Botschaften? Welche Emotionen standen bei den Darstellern im Vordergrund, etc.

Ziele: Vertiefung des Theatergeschehens, Förderung der sprachlichen Kompetenz.

## 9. Gruppensitzung

Übung: Eine Skulptur bauen[338].

Anleitung: Die Teilnehmer bilden Zweiergruppen und verteilen sich im Raum. Der erste Teilnehmer bündelt eine alte Zeitung in Form eines „Stockes" zusammen. Durch leichte Schläge und Nachkorrekturen mit dem „Stock" soll der Teilnehmer seinen Partner fünf Minuten lang so formen, wie er ihn am liebsten haben will. Dabei soll nicht gesprochen werden. Danach werden die Rollen getauscht. Nach jeder Runde werden die entstandenen Skulpturen intensiv reflektiert: Warum wurde die Figur gerade in diese Position gebracht? Welche Gefühle entstehen dadurch? Macht? Auch die Gefühle der Skulptur werden reflektiert. Wie war es, sich nicht wehren zu können/ausgeliefert zu sein?

Material: Alte Zeitungen.

---

[338] In Anlehnung an: Toprak 2001: S. 108 f.

<u>Ziele</u>: Täter- und Opferperspektive sehen/ausprobieren, Förderung der Empathiefähigkeit.

Folgen für das Opfer.

<u>Anleitung</u>: Im gemeinsamen Gespräch überlegen die Teilnehmer welche Folgen ihre Gewalttaten für die Opfer haben (physisch/psychisch) und halten dies auf Papier fest. Wenn bei den Teilnehmern keine Vorstellung über die Folgen der Taten besteht, ist das Zeigen einer Reportage über die Opfer von Gewalttaten denkbar.

<u>Material</u>: Papier, Stifte, evtl. Film.

<u>Ziele</u>: Opferperspektive sehen, Förderung der Empathiefähigkeit.

Hausarbeit: Welche Folgen haben eure Gewalttaten für euch?

## 10. Gruppensitzung

Die Geschichte mit dem Hammer[339].

<u>Anleitung</u>: Um die Teilnehmer auf die Kosten-Nutzen-Analyse ihrer Straftat einzustimmen liest ein Mitarbeiter der Gruppe folgende Geschichte vor: Ein Mann will ein Bild aufhängen. Den Nagel hat er, den Hammer jedoch nicht. Der Nachbar hat einen. Also beschließt der Mann hinüberzugehen und ihn auszuborgen. Doch da kommt ihm ein Zweifel: Was, wenn der Nachbar mir den Hammer nicht borgen will? Gestern schon grüßte er mich nur flüchtig. Vielleicht war er in Eile. Aber vielleicht war die Eile nur vorgeschützt und er hat etwas gegen mich. Und was? Ich habe ihm nichts angetan; der bildet sich da etwas ein. Wenn jemand von mir ein Werkzeug borgen wollte, ich gäbe es ihm sofort. Und warum er nicht? Wie kann man einem Mitmenschen einen so einfachen Gefallen abschlagen? Leute wie dieser Kerl vergiften einem das Leben. Und dann bildet der sich womöglich noch ein, ich sei auf ihn angewiesen. Bloß weil er einen Hammer hat. Jetzt reicht's mir wirklich. – Und so stürmt er hinüber, läutet, der Nachbar öffnet, doch noch bevor er „Guten Tag" sagen kann, schreit ihn unser Mann an: „Behalten Sie Ihren Hammer, Sie Rüpel!"

---

[339] Quelle: Watzlawick 1983: S. 37

Kosten-Nutzen-Analyse

Anleitung: Im gemeinsamen Gespräch erläutert jeder Teilnehmer, welche Gedanken er sich zur Hausarbeit gemacht hat. Welche Folgen trage ich für meine Tat? Freizeitarbeit? Geldstrafe? Betreuungsweisung? Bestrafung im Elternhaus? Um zu verdeutlichen, wie Kosten und Nutzen zueinander stehen, werden sie auf einem Plakat festgehalten.

Material: Plakate, Stifte.

Ziele: Reflexion der Kosten von Gewalttaten.

Übung: Der Platz gehört mir[340].

Anleitung: Die Gruppe bildet einen Kreis, in dessen Mitte ein Stuhl gestellt wird. Ein Teilnehmer nimmt auf dem Stuhl Platz und verteidigt diesen gegen die anderen Teilnehmer, die wiederum fünf Minuten lang versuchen, ihm den Stuhl streitig zu machen. Anfassen, Schubsen, Schlagen und andere Formen von Gewalt sind verboten.

Material: Ein Stuhl.

Ziele: Etwas verlangen ohne Gewalt auszuüben und akzeptieren, wenn man es nicht bekommt, etwas verteidigen ohne Gewalt auszuüben, Förderung der verbalen Verteidigungsmöglichkeiten, Stärkung der Argumentationsfähigkeit.

## 11. Gruppensitzung

Opferbriefe[341].

Anleitung: Die Teilnehmer werden dazu aufgefordert, Briefe an ihre Opfer zu schreiben. Diese Briefe sind rein fiktiv und werden nicht an die tatsächlichen Opfer versandt. Die Inhalte der Briefe werden mit den Mitarbeitern in Einzelgesprächen reflektiert. Zeigt der Jugendliche Reue? Kann er sich in sein Opfer einfühlen? Hat sich die Denkweise in Bezug auf die Tat verändert? Sollte es einem Teilnehmer schwer fallen, direkt die richtigen Worte zu finden, ist das Verfassen des Briefs auch als Hausarbeit möglich.

Material: Briefpapier, Stifte.

Ziele: Auseinandersetzung mit der Tat, Einnehmen der Opferperspektive, Förderung der Empathie, Verantwortungsübernahme.

---

[340] Quelle: Toprak 2001 nach Portmann 1996: S. 108
[341] Vgl. Morath et al. 2004: S. 157 f.

Anmerkung: Ist zu diesem Zeitpunkt bei einem Teilnehmer noch keine Reue oder Bereitschaft zur Verantwortungsübernahme zu erkennen, ist es möglich, den Opferbrief zu einem späteren Zeitpunkt erneut zu schreiben.

## 12. Gruppensitzung

Übung: Ausgrenzen[342].

Anleitung: Die Teilnehmer bilden Arm in Arm stehend einen Kreis. Ein Teilnehmer wird von diesem Kreis ausgeschlossen und muss versuchen, hineinzudringen. Die Anwendung von Gewalt ist verboten. Die übrigen Teilnehmer sollen den Außenstehenden ignorieren und verhindern, dass er in den Kreis eindringen kann. Erst wenn der Außenstehende auf die Idee kommt, sein Anliegen verbal mitzuteilen („Lasst mich bitte rein."), soll der Kreis sich öffnen und den Teilnehmer hineinlassen.

Material: Keins.

Ziele: Entwicklung von Handlungsalternativen, Kontaktaufnahme, gewaltfreie Problemlösung, Ausgrenzung spüren und aushalten.

Was kann ich gut Teil 2.

Anleitung: Die Teilnehmer betrachtet gemeinsam, was sie sich an Fähigkeiten, Kenntnissen, Eigenschaften, etc. zu Beginn des Projekts zugeschrieben haben. Da sich die Gruppe mittlerweile sechs Wochen kennt, geht es nun darum, dass die Teilnehmer ihre Vorzugslisten einander ergänzen. Jeder Teilnehmer soll mindestens drei positive Vorzüge von den übrigen Teilnehmern genannt bekommen. Diese werden auf Pappkarten geschrieben und zu den bereits vorhandenen Karten geklebt.

Material: Stifte, Pappkärtchen, TESA.

Ziele: Fokussierung auf positive (Charakter-)Eigenschaften, Stärkung des Selbstvertrauens, Erhöhung des Selbstwertgefühls, einander wahrnehmen.

## 13. Gruppensitzung

Halbzeit

Reflexion des bisherigen Geschehens und Reflexion der Skalen mit den persönlichen Zielen.

---

[342] Quelle: Toprak 2001: S. 107

## MODUL 3

## Zukunftsperspektive

### 14. Gruppensitzung

Wunderbild[343].

Anleitung: Die Teilnehmer stellen sich vor, dass über Nacht ein Wunder
geschehen sei. Das Wunder besteht darin, dass ihr Leben anders wäre und
ihre Probleme gelöst seien. Wie würde dieses Wunder aussehen? Die Ziele
des Wunders dürfen nicht zu fiktiv und fantastisch sein, z. B.: „Ich habe im
Lotto gewonnen!" Stattdessen müssen die Ziele realistisch, von ihnen
machbar, spezifisch, attraktiv und individuell sein[344]. In Form einer Kollage
fertigen die Teilnehmer ihr Wunderbild, indem sie passende Bilder aus
Zeitschriften verwenden. Die Kollagen werden bei den Selbstportraits an-
gebracht und unter den Teilnehmern einander vorgestellt.
Material: Zeitschriften, Plakate, Schere, Kleber, Stifte, TESA.
Ziele: Schaffung einer Zielperspektive.
Hausaufgabe: Welchen ersten Schritt in Richtung Wunderbild kann ich selbst tun?
Anmerkung: Der erste Schritt sollte Möglichst klein sein.

### 15. Gruppensitzung

Übung: Kleine Schritte.

Anleitung: Die Teilnehmer stehen in einer Reihe. Ihre Wunderbilder liegen
in etwa drei Meter Entfernung. Ohne Anlauf und Springen sollen sie nun
versuchen, ihr Wunderbild in einem Schritt zu erreichen. Dies ist nicht
machbar. Daher zerlegen die Teilnehmer ihr großes Ziel, das Wunder zu er-

---

[343] Vgl. De Jong/Kim Berg 1998: S. 63 ff.
[344] Vgl. ebd.

reichen, in kleine Einzelziele. Diese Ziele werden auf DIN A4 Zettel geschrieben. Die Zettel werden auf den Boden gelegt und dienen als Trittsteine auf dem Weg der Zielerreichung, z.b.: den Kurs absolvieren → eine Berufsvorstellung entwickeln → eine Ausbildungsstelle suchen → die Ausbildung beginnen → etc. Alle Ziele sollen Annährungsziele, nicht Vermeidungsziele beschreiben, z. B.: „Ich möchte eine Ausbildung beginnen." statt „Ich möchte nicht mehr nur abhängen."

Material: DIN A4 Blätter, Stifte.

Ziele: Schaffen einer nahen Zukunftsperspektive, Vermittlung der Bedeutung angemessener Ziele, Kleinschrittigkeit.

Anmerkung:

---

**Checkliste für erfolgversprechende Ziele**[345]

OK

| | |
|---|---|
| Ist mein Ziel positiv formuliert? | ☐ |
| Ist mein Ziel attraktiv für mich? | ☐ |
| Mein Ziel ist ein Will-Ziel, kein Soll-Ziel. | ☐ |
| Wird mein Ziel eine deutliche Veränderung mit sich bringen? | ☐ |
| Stelle dir vor, was sich zum Positiven verändern wird. | ☐ |
| Mein Ziel ist nicht zu schwer für mich. | ☐ |
| Ich kann mein Ziel durch eigenes Handeln erreichen. | ☐ |
| Ich habe mein Ziel sehr detailliert beschrieben. | ☐ |
| Ich habe mir mein Ziel bildlich vorgestellt. | ☐ |
| Mache dir bewusst, dass du es nicht allen Menschen recht machen kannst. | ☐ |
| Ich habe Menschen um mich, die mir helfen können. | ☐ |

---

[345] Modifiziert nach: Löbermann 2006: Anhang/ Bamberger 2010: S. 92

## 16. Gruppensitzung

Besuch des Berufsinformationszentrums (BIZ) oder einer gleichwertigen Institution.
Anleitung: Jeder der Teilnehmer soll sich im BIZ zwei verschiedene Berufsbilder ansehen und die wichtigsten Eckdaten (benötigter Bildungsabschluss, Inhalt der Tätigkeit) herausschreiben.
Material: Blöcke, Stifte.
Ziele: Auseinandersetzung mit Berufswünschen, Schaffung einer beruflichen Perspektive, Kenntnisgewinn über mögliche Berufsbilder.

## 17. Gruppensitzung

Reflexion des BIZ-Besuchs.
Anleitung: Die Erfahrungen und Eindrücke des Besuchs werden ausgetauscht. Außerdem stellt jeder Teilnehmer die beiden Berufsbilder vor, über die er sich informiert hat. Die Ergebnisse werden auf Plakaten festgehalten.
Material: Plakate, Stifte.
Ziele: Auseinandersetzung mit Berufswünschen, Schaffung einer beruflichen Perspektive, erweiterter Kenntnisgewinn über Berufsbilder, Förderung sprachlicher Kompetenzen.

# MODUL 4
# Freundschaft und Freizeit

## 18. Gruppensitzung

Einander helfen[346].
Übung: Zwischen zwei Säulen im Haus, zwei Bäumen im Freien oder ähnlichem wird aus einem Seil ein Netz gespannt. Alle Teilnehmer sollen nun

---

[346] Quelle: Löbermann 2006: S. 14 des Anhangs

92

das Netz durchqueren, ohne es zu berühren. Ein einmal durchquertes Loch darf nicht mehr benutzt werden. Die Teilnehmer dürfen/sollen einander bei der Durchquerung helfen. Nach Abschluss der Übung lenkt der Mitarbeiter das Gespräch auf die persönlichen Helfersysteme der Teilnehmer. Wer hilft mir? An wen kann ich mich wenden, wenn ich etwas auf dem Herzen habe/wenn ich in Not bin? Wer ist immer für mich da? Wen wünsche ich mir mehr an meine Seite? Etc.

<u>Material</u>: Ausreichend Seil, Rahmen, Bäume oder ähnliches.

<u>Ziele</u>: Einander helfen, Lösungsstrategien entwickeln, Helfernetzwerke erkennen.

## 19. Gruppensitzung

Ausbalancieren des Kreises[347].

<u>Anleitung</u>: Die Teilnehmer bilden einen Kreis und fassen sich bei den Händen. Abwechselnd lehnen sich einzelne Teilnehmer nach innen bzw. nach außen. Der Kreis darf nicht zerbrechen. Dies gelingt nur durch das Zusammenspiel gegenseitiger Kräfte, die zugleich in Harmonie sind. Im Anschluss lenkt der Mitarbeiter das Gespräch auf das Thema Freundschaft. Was bedeutet Freundschaft? Was macht einen guten Freund aus? Was sind falsche Freunde?

<u>Material</u>: Bei Bedarf Flipchart und Stifte.

<u>Ziele</u>: Erkennen von Helfernetzwerken, Reflexion des Freundschaftsbegriffs, Verständnis von „falschen Freunden".

## 20. Gruppensitzung

Mein Verein.

<u>Anleitung</u>: In Kooperation mit ortsansässigen und nahe gelegenen Sport-, Kultur- und Interessensvereinen wird das Angebot an Freizeitmöglichkeiten vorgestellt. Fußballvereine, Tanzschulen, Modelautoclubs, Kampsportvereine, etc. Dazu werden Mitglieder unterschiedlicher Vereine eingeladen, welche den Teilnehmern ihre Tätigkeit vorstellen und Einladungen zu Schnupper-Angeboten aussprechen.

---

[347] Quelle: Morath et al. 2004: S. 101

Material: Evtl. Flyer der Angebote.

Ziele: Herstellung von Erstkontakten, Überwindung von Kontaktängsten, Vermittlung von sinnvoller Freizeitgestaltung, Erweiterung des sozialen Netzes.

## MODUL 5
### Rückblick und Abschluss

### 21. Gruppensitzung

Evaluation.

Anleitung: Jeder Gruppenteilnehmer reflektiert dessen Zielerreichung mit der Gruppe und den Mitarbeitern. Dazu werden die Ziele aus den Hilfeplänen, die erstellten Zielskalen und die Materialien aus Gruppensitzung 14 (Kleine Schritte) hinzugezogen. Anschließend evaluieren die Teilnehmer das gesamte Projekt mit einem anonymen Fragebogen.

Material: Fragebögen, Stifte.

Ziele: Reflexion und Evaluation.

### 22. Gruppensitzung

Abschluss.

Anleitung: Bei einem gemeinsamen Frühstück gestaltet nach den Wünschen der Teilnehmer sitzen alle Teilnehmer zusammen und schließen den ersten Teil des Projektes ab. Die Mitarbeiter überreichen jedem Jugendlichen dessen persönliche Arbeitsmappe, die sämtliche erarbeiteten Unterlagen und Ziele enthält. Der Mappe ist auch die Telefonnummer der Einrichtung hinzuzufügen, mit dem Hinweis, dass jeder Jugendliche sich auch weiterhin bei Fragen und Problemen an die Einrichtung wenden kann.

Material: Arbeitsmappen.

Ziele: Abschied nehmen, Anfang von etwas Neuem, Angebot der Hilfestellung.

Die Teilnehmer des Projekts treffen sich viermal wöchentlich im Theatermodul. Dort erhalten sie durch theaterpädagogische Unterstützung eine intensive Förderung ihrer sozialen, emotionalen und verbalen Kompetenzen. Als Medium dienen theaterpädagogische Übungen, durch welche die Teilnehmer an das Theaterspielen herangeführt werden. Im weiteren Verlauf erarbeiten sie dann ein Theaterstück, welches abschließend einem Publikum präsentiert wird. Basierend auf der Bedingung, dass die einzelnen Übungen Teilziele enthalten, welche die Entwicklung und Ausbildung des theatralen Ausdrucks-, Darstellungs-, Gestaltungs-, und Urteilsvermögen bewirken, lautet das übergeordnete Ziel des Theatermoduls durch die Darstellung von Menschen durch Menschen die Fähigkeit der Teilnehmer zur differenzierten Wahrnehmung, Erkenntnis und Wiedergabe des Verhaltens anderer Personen sowie die Fähigkeit, einfühlend und angemessen reagieren zu können, aufzubauen und zu stärken[348]. Dazu werden die einzelnen Ausbildungsstufen so aufeinander aufgebaut, dass sie eine sinnvolle Abfolge ergeben[349]. Zuerst werden daher im Theatermodul Angst und Scheu der Teilnehmer gegenüber dem Theaterspiel abgebaut, bevor die Differenzierung körperlicher Ausdrucks- und Darstellungsfähigkeiten ausgebildet werden und die Teilnehmer schrittweise dazu befähigt werden, vom einfachen Handeln als Realperson über das spielerische Rollenhandeln zum darstellenden Rollenhandeln zu gelangen[350]. Als wichtiger Bestandteil des Theatermoduls werden solche Übungen betrachtet, die einen Übergang vom körperbezogenen und sprachlichen Realhandeln über darstellendes als-ob Handeln hin zum Rollendarstellen und schließlich zum differenzierten Figuren- und Rollendarstellen ermöglichen[351].

Da die genaue Gestaltung des Theatermoduls im Wesentlichen von der Mitwirkungsbereitschaft, den Vorerfahrungen, den Interessensthemen und den individuellen Fähigkeiten der einzelnen Teilnehmer abhängig ist, bedarf die Gestaltung einer individuellen und flexiblen Umsetzung und wird daher hier nicht festgeschrieben. Grundlegende Voraussetzung für die Gestaltung des Theatermoduls sind jedoch die Bearbeitung von Themen und die Erarbeitung von Kompetenzen, welche im Kontext des Projektes FairKörpern als sinnvoll erachtet werden, wie u. a.:

---

[348] Vgl. Hoppe 2003: S. 119/164
[349] Vgl. ebd. S. 187
[350] Vgl. ebd. S. 168
[351] Vgl. ebd. S. 187

- Auseinandersetzung mit der eigenen Identität;
- Förderung emotionaler Wahrnehmung;
- Befähigung zur Empathie;
- Förderung der Emotionskontrolle;
- Erarbeitung von adäquatem Rollenhandeln;
- Auseinandersetzung mit der Opferrolle;
- Erarbeitung von Konfliktlösestrategien;
- Ausbau verbaler Fähigkeiten;
- Befähigung zur nonverbalen Kommunikation;
- Bearbeitung des Themas Gewalt;
- Befähigung zur Teamarbeit und Interaktion.

*4.3 Arbeitsgruppen*

Zweimal wöchentlich treffen sich die Teilnehmer in ihren Arbeitsgruppen. Diese haben zur Aufgabe, das Theaterstück abzurunden. Dazu gehört:

- Ausarbeitung von Kostümen und Requisiten;
- Erarbeiten eines Lichtkonzepts;
- Erstellen eines Tonkonzepts;
- Erstellen des Bühnenbilds;
- Öffentlichkeitsarbeit;
- Planung und Gestaltung der Vorführung.

Ziele dieses Moduls sind der Erwerb praktischer und theoretischer Kenntnisse und Kompetenzen im Umgang mit dem Medium Theater und dessen Organisation[352] sowie Kompetenzgewinn im Bereich Licht-, Ton- und Raumgestaltung[353], das Auseinandersetzen/Entdecken eigener Fähigkeiten und Interessen, Bezugsherstellung zur passenden beruflichen Perspektive sowie Teamarbeit.

---

[352] Vgl. ebd. S. 118
[353] Vgl. ebd.

*4.4 Bewerbungstraining*

An einem Nachmittag in der Woche nehmen die Teilnehmer am Bewerbungstraining teil. Durch anfängliche Orientierung sollen die Jugendlichen sich mit ihren eigenen Fähigkeiten auseinandersetzen, Berufswünsche entdecken und diese mit ihren Möglichkeiten in Einklang bringen. Eine intensive Auseinandersetzung mit Berufsbildern gehört zu diesem Modul und soll durch Internet- und Zeitungsrecherche unterstützt werden.

Außerdem ist die Erarbeitung und Fertigstellung adäquater Bewerbungsunterlagen wesentlicher Bestandteil des Bewerbungstrainings. Mit Unterstützung durch die Mitarbeiter erstellen die Jugendlichen dazu Anschreiben, Lebensläufe sowie Anlagen. Die nötigen Medien (PC, Drucker, Kopierer, etc.) stehen den Jugendlichen in der Einrichtung zur Verfügung.

Das Auftreten bei Vorstellungsgesprächen und das Führen überzeugender Telefonate werden in kleinen Rollenspielen eingeübt. Am Ende des Bewerbungstrainings soll jeder Jugendliche einen Praktikumsplatz vorweisen können.

# III. Resümee

Die im öffentlichen Interesse stehende Frage, ob die Jugendkriminalität in Deutschland tatsächlich stetig steigt und ein nie da gewesenes Ausmaß und eine beispiellose Brutalität erreicht hat, kann hier abschließend nicht bejaht werden. Viel eher ist das Empfinden einer stetig steigenden Jugendkriminalität als ein Produkt der Massenmedien zu betrachten. Fälle von Jugendkriminalität wecken das öffentliche Interesse und schaffen Medienvertretern lukrative Berichte, welche wiederum in der Bevölkerung eine zweite Realität schaffen. Diese zweite Realität verunsichert die Bürger und lässt das subjektive Sicherheitsgefühl der Bevölkerung sinken. Dabei sind so brutale Fälle wie der Mord an Dominik Brunner im Jahr 2009 tragische Einzelfälle. Viel eher zeigt die Analyse des Forschungsberichts des KFN und die Auswertung der Polizeilichen Kriminalstatistiken, dass Jugendliche und Heranwachsende zwischen dem 8. und 21. Lebensjahr eher Diebstähle, Sachbeschädigungen, Leistungserschleichungen und Verstöße gegen das Betäubungsmittelgesetz begehen. Im Bereich der Gewaltdelikte, also bei Delikten, die dazu dienen, durch Anwendung körperlicher, psychischer oder verbaler Gewalt den eigenen Willen durchzusetzen und/oder die Grenzen eines anderen zu durchbrechen, begehen Jugendliche zumeist Körperverletzungen nach § 223 StGB, gefährliche Körperverletzungen nach § 224 StGB, schwere Körperverletzungen nach § 226 StGB und Raub nach § 249 StGB. Dabei ist festzuhalten, dass die Auslebung von Aggressionen, welche meist mit der Anwendung von Gewalt einhergeht, keinesfalls mit einer Verhaltensstörung der heutigen Jugend gleichzusetzen ist. Aggressionen sind in erster Linie ein normaler Bestandteil menschlichen Verhaltens. Besonders Kinder und Jugendliche lernen in ihrer Entwicklung durch Auflehnung, beispielsweise gegen die eigenen Eltern, wo ihre Grenzen sind und wo ihr Platz in unserer Gesellschaft ist. Erst wenn die Ausübung der Aggression über das normale Maß hinausgeht und den Besitzer in dessen Entwicklung hemmt oder gefährdet oder andere deutlich schädigt, wird sie durch soziale und juristische Instanzen kriminalisiert. Dieses kriminelle Gewaltverhalten der Jugendlichen und Heranwachsenden in Deutschland erlebte in der Polizeilichen Kriminalstatistik zwischen 1993 und 2007 einen Anstieg auf beinahe 70.000 erfasste Gewaltdelikte. Seit vier Jahren verzeichnet die Statistik jedoch einen Rückgang auf knapp 40.000 erfasste Delikte. Inwiefern zwischen 1993 und 2007 eine Verschiebung im Hell- und Dunkelfeld der erfassten Jugendgewaltkriminalität stattgefunden hat und/oder ob sich eine Veränderung des Anzeigeverhaltens der Bürger auf diesen Anstieg auswirkte, bleibt unklar. Auch fehlen aussagekräftige Untersuchungen, die eine Erklärung für die wieder sinkenden Zahlen liefern. Sicher zu sagen ist jedoch, dass nicht Verschärfungen des Jugendstrafrechts und Erhöhungen der Jugendstrafen als Abschreckung dienten und somit mehr Jugendlichen das Führen eines gesetzeskonformen Lebens ermöglichten. Strafe als Abschreckung stellt kein Mittel zur Zielerreichung dar und die Forderungen an Politik und Justiz, auf diese Weise auf Jugendkriminalität zu reagieren, stellen höchstens eine Befriedigung des öffentlichen Gerechtigkeitsempfindens dar. Besonders die Reflexion der freiheitsentziehenden Maßnahmen hat ergeben, dass die Exklusion aus der Gesellschaft in Form von geschlossener/freiheitsentziehender Unterbringung kein Mittel zur Inklusion darstellt. Trotz sozialpädagogischer und psychologischer Unterstützung kann es inhaftierten Jugendlichen nicht gelingen, sich in unsere Gesellschaft einzugliedern, wenn sie sich in der Subgesellschaft der Justizvollzugsanstalten befinden, welche obendrein noch ihre eigenen Regeln, Möglichkeiten und Grenzen hat. Um nachhaltige Konzepte zur Bekämpfung der Jugendgewaltkriminalität zu schaffen ist nicht die Justiz gefragt, sondern die Soziale Arbeit. Zwar haben Justiz und Soziale Arbeit den Auftrag gemein, gesellschaftliche Normzustände zu wahren, jedoch ist das Mittel der Sozialen Arbeit zur Zielerreichung nicht die Exklusion der betroffenen Jugendlichen durch Jugendhaft, sondern die Inklusion der Betroffenen in die Gesellschaft. Darüber hinaus verpflichtet sich die Soziale Arbeit, lösungs- und klientenzentriert strategische, methodische, sozialpädagogische, kommunikative und ethische Kompetenzen miteinander zu vereinen, um eine Balance zwischen Gesellschaft und Individuum herzustellen. Im Falle der Jugendkriminalität bedeutet dies für die Soziale Arbeit, Strategien zu entwickeln, welche jugendliche Gewaltstraftäter in deren Entwicklung soweit positiv beeinflussen, dass eine Inklusion in die Gesellschaft stattfinden kann. Hier stellt das Verständnis, warum Jugendliche gewalttätig und kriminell werden, die Basis einer gelungenen Hilfeplanung dar. Um das Thema gendergerecht anzugehen wurde hier erläutert, dass zwar der überwiegende Teil der jugendlichen Gewalttäter männlichen Geschlechts ist, dass aber auch Mädchen als Gewaltstraftäterinnen in Frage kommen. Die durch Zahlen und Statistiken widergespiegelte Realität ist, dass Mädchen viel seltener zu Gewalt neigen als Jungen. Dennoch wird Gewalt durch Mädchen ebenfalls als Problem unserer heutigen Gesellschaft dargestellt. Dazu wurde hier erläutert, dass Mädchen ebenso Aggression verspüren wie Jungen. Auch die verantwortlichen Sozialisationsbedingungen und die Gründe für die Anwendung von Gewalt sind ähnlich. Nur richten Mädchen ihre Aggression eher nach innen und gegen sich selbst als gegen andere Personen. Dies hängt damit zusammen, dass die Rollenerwartungen, die an Mädchen geknüpft sind, kein gewalttätiges Verhalten billigen. Mädchen werden dadurch viel häufiger als Jungen als gestört erlebt, wenn sie sich gewalttätig verhalten. Auch werden sie für aggressives/

gewalttätiges Verhalten eher Sanktioniert als Jungen. Einfach weil sie eben Mädchen sind und ein solches Verhalten von ihnen nicht erwartet, geschweige denn gebilligt wird. Die Folge ist die erwähnte Umleitung der Aggression nach innen. Mädchen neigen im Vergleich zu Jungen eher zu selbstverletzenden Handlungen, also zu auto-aggressivem Verhalten. Die Folgen können psychische Störungen und Depressionen sein, was schließlich tatsächlich eine Störung des Verhaltens bedeutet. Wie bereits erwähnt handelt es sich jedoch bei Jugendgewalt, egal durch welches Geschlecht ausgeübt, nicht lediglich um eine Verhaltensstörung der heutigen Jugend. Die Erklärungen sind viel eher im Forschungsfeld der Soziologie zu finden. Da die sozialisationsbedingten Gründe für die Entstehung von gewalttätigem und kriminellem Verhalten sehr individuell sein können, wurde in der vorliegenden Arbeit der Fokus auf die Adoleszenz, die beiden sozialen Einflussfaktoren Familie und Peergroup sowie auf den Bildungsgrad der betroffenen Jugendlichen gelegt. Die Analyse der Adoleszenz hat gezeigt, dass diese Phase bedeutende Veränderungen des dezentrierten Denkens und der Autonomie bewirkt, die beide wichtige Schlüsselkompetenzen für die Entwicklung von kognitiv-emotionalen Kompetenzen sind, wie die Empathiefähigkeit, welche ein Mensch benötigt, um von gewalttätigem Handeln Abstand nehmen zu können. Die Ausreifung dieser und weiterer kognitiver und emotionaler Kompetenzen machen die Adoleszenz für jeden jungen Menschen zu einer heiklen Entwicklungsphase, welche häufig mit Krisen einhergeht. Auf der Suche nach der eigenen Ich-Identität können Jugendliche während dieser Zeit besonders leicht aus dem Gleichgewicht geraten, was sich in oppositionellem und delinquentem Verhalten äußern kann. Die Kriminologie spricht in diesem Zusammenhang von der Ubiquität der Jugendgewalt, womit sie umschreibt, dass während der Adoleszenz junger Menschen bedingt durch entwicklungsbedingte Krisen Verstöße gegen geltende Normen häufiger vorkommen als in anderen Lebensabschnitten. Diese Verstöße haben jedoch meist einen Bagatellcharakter und enden mit dem Eintritt ins Erwachsenenleben. Normabweichendes Verhalten Jugendlicher ist also eine normale Erscheinung, unabhängig von zeitlichem und kulturellem Kontext und bedeutet keinesfalls das Einschlagen einer kriminelle Karriere für die betroffenen Jugendlichen. Eltern, Familie und Freunde können während dieser Phase unterstützen und helfen. Doch besonders im Bereich der Soziologie von Mehrfachtäter finden sich immer wieder ähnliche Sachverhalte im Familien- und Freundeskreis, welche die Entstehung von Gewalt eher begünstigen als mildern. Besonders die erste Sozialisationsinstanz, die Familie, birgt ein hohes Maß an Risiken. Armut, familiäre Schwierigkeiten und besonders innerfamiliäre Gewalt begünstigen dissoziales und kriminelles Verhalten enorm. Die von den Kindern und Jugendlichen erlebte Gewaltanwendung im Elternhaus verhindert die Entwicklung prosozialer Kompetenzen wie Empathiefähigkeit, Selbstwertgefühl und Emotionsregelung und vermittelt den Kindern außerdem, dass die Anwendung von Gewalt ein legitimes Mittel zur Zielerreichung ist. Da der Einfluss, den eine Familie auf die Entwicklung der eigenen Kinder hat, besonders hoch ist, stellt eine Prävention und eine frühzeitige Intervention bei gewalttätigem Elternverhalten ein bedeutendes Mittel für die Autorin dar. Um mehr belastete und überforderte Eltern erreichen zu können stellt die Einführung des Bundeskinderschutzgesetzes eine mögliche Form der Prävention und Intervention dar. Durch die Zusammenarbeit mit Kinderärzten, welche mittlerweile dazu verpflichtet sind, das Nichterscheinen von Eltern mit ihren Kindern bei den U-Untersuchungen dem zuständigen Jugendamt zu melden, kann es gelingen, Kindesmisshandlungen und Vernachlässigungen frühzeitig zu erkennen und ggf. zu intervenieren. Aber auch die Installation der frühen und niederschwelligen Beratungsangebote könnte dazu beitragen, mehr Risikofamilien zu erreichen und durch Unterstützung, Aktivierung und Partizipation zu fördern. In diesem Kontext sieht die Autorin lediglich ein Problem bei der Umsetzung. In ihrer jahrelangen Erfahrung in der Jugendhilfe erlebte die Autorin immer wieder, dass das Jugendamt von betroffenen Familien nicht als Unterstützung, sondern als Bedrohung wahrgenommen wird. Um Eltern dazu zu bringen, niederschwellige Angebote aufzusuchen, scheint eine Imagekampagne des Jugendamtes sinnvoll, in welcher sein Ruf als kinderklauende Institution aufgearbeitet wird. Wenn Eltern verstehen, dass das Jugendamt nicht zwangsläufig eine Fremdunterbringung der Kinder anstrebt, sondern eine Stärkung der elterlichen Fähigkeiten zur Stärkung des gesamten familiären Miteinanders, wird die Kontaktangst womöglich sinken und niederschwellige Angebote mehr Anklang finden. Des Weiteren befürwortet die Autorin die Einführung einer Kindergartenpflicht, um ebenfalls möglichst frühzeitig Unterstützung für belastete Familien gewährleisten zu können. Dabei soll der Ausbau der Betreuungsmöglichkeiten hier nicht als staatliches Kontrollinstrument missverstanden, sondern als soziales Sicherheitsnetz empfunden werden. Ähnlich dem Konzept der Ganztagsschulen soll die ausgebaute Betreuung der Kinder unserer Gesellschaft dazu beitragen, Eltern zu entlasten, zu unterstützen und durch Aktivierung und Partizipation zum Austausch anzuregen. Des Weiteren scheint der Autorin eine eng vernetzte Betreuung von Kindern besonders bedeutend, wenn diese den Lebensabschnitt der Adoleszenz beginnen. Wie bereits erwähnt beinhaltet dieser Lebensabschnitt die Ablösung vom Elternhaus und Freunde innerhalb der Gleichaltrigengruppe üben den größten Einfluss aufeinander aus. Bei der Entstehung von Gewalt und Kriminalität sind besonders jene Peergroups gefährdet, die sich einander besonders verbunden fühlen, weil sie ähnliche Bedingungen im Elternhaus erlebt haben, Gewalt als Mittel zur Erreichung von Anerkennung und Respekt sehen und die Straße zu ihrem Freizeitraum machen. Die fehlenden Beschäftigungsmöglichkeiten und der völlige Entzug von Kontrolle und Anleitung durch Erwachsene fördert das Entstehen krimineller Freizeitgestaltung zusätzlich. Daher scheint es von großer Bedeutung, mehr Freizeitmöglichkeiten für Jugendliche zu schaffen, die kostenfrei sind oder für die eine finanzielle Unterstützung für gering verdienende Familien besteht. Der Ausbau von Ganztagsschulen, besonders in sozialen Brennpunkten, und der Ausbau von Jugendfreizeitstätten sollte nach Meinung der Autorin daher eher gefördert werden, als der Ausbau von Jugendgefängnissen. Noch einmal ist hierbei die Notwendigkeit des Ausbaus der Ganztagsbetreuung an Schulen in Bezug auf die Verbesserung der Bildungschancen für Kinder und Jugendliche zu benennen. Dabei sollte nicht lediglich eine Betreuung der Freizeit im Vordergrund stehen, sondern auch das Angebot an Förder- und Sprachunterricht sowie Hausaufgabenbetreuung. Diese Forderung beruht auf dem Ergebnis dieser Arbeit, dass Bildung, welche als Quelle des Selbstwertgefühls, als Schlüssel zur verbaler Kommunikation und als Zugang zu Beruf und materiellen Ressourcen gilt, sich wesentlich als präventiver Faktor bei der Entstehung von Gewalt und Kriminalität auswirkt.

All die nun genannten Strategien sind Aufgaben, welche die Soziale Arbeit im Zusammenhang mit der Politik zukünftig zu bearbeiten hat. Festzuhalten gilt jedoch, dass Aggression ein normales menschliches Verhalten darstellt und die Bearbeitung von Gewalt zu jeder Zeit eine gesellschaftliche Herausforderung darstellen wird. Bereits bestehende handlungsorientierte Präventionsprogramme, welche Gewalt vorbeugen und bei bereits erlebter Gewalt intervenieren sollen, wurden in dieser Arbeit ausführlich vorgestellt. Dabei handelt es sich um Programme, welche Elternkompetenzen stärken und gewaltfreie Konfliktlösung fördern sollen sowie intensive Trainings für gewaltbereite Kinder und Jugendliche. Im Kontext der Jugendgewaltkriminalität wurde hier das traditionelle Anti-Aggressivitäts-Training erläutert, welches eine Sanktionsform des Jugendgerichts nach § 10 JGG darstellt. Dieses Training soll eine Veränderung des gewaltbereiten Verhaltens, durch kognitive Theorienbildung erreichen und gewaltarme Konfliktlösetechniken vermitteln. Nach Erläuterung dieser Methode öffnete sich ein Diskussionsfeld, welches sich über eine evtl. mangelnde Ganzheitlichkeit des Trainings, die fehlenden gendergerechten Modifikationsmöglichkeiten, die hohen Kosten und besonders über die Konfrontative Pädagogik erstreckte. Dennoch kann abschließend das AAT nicht als überholte Methode dargestellt werden. Gerade die Soziale Arbeit benötigt ein breites Repertoire an Handlungsmöglichkeiten, um möglichst flexibel und dennoch strukturiert zu bleiben und auf die unterschiedlichen und individuellen Bedürfnisse ihrer Klienten reagieren zu können. Dennoch nimmt es die Autorin als unzulänglich wahr, dass das AAT in der Arbeit mit Gewalttätern als die beste Methode betrachtet wird und sich alternative Angebote nur schwer etablieren. Daher hat sie in dieser Arbeit ein Projekt konzipiert, welches ein Anti-Gewalt-Training mit Theaterarbeit und Bewerbungstraining verbindet: FairKörpern – Ein theaterpädagogisches Projekt für jugendliche Gewaltstraftäter. Die theoretische Auseinandersetzung mit dem eigenen Gewaltverhalten findet bei FairKörpern in Gruppensitzungen statt. Diese Gruppensitzungen wurden hier ausführlich im geschlossenen Curriculum vorgestellt und erläutert. Des Weiteren erhalten die Teilnehmer durch das integrierte Theaterprojekt die Möglichkeit, sich kulturell und künstlerisch auf eine andere Weise mit dem Thema Gewalt auseinanderzusetzen. Die theaterpädagogischen Übungen, das Einüben eines soziodramatischen Stücks zum Thema Gewalt und schließlich das Aufführen dieses Stücks hat zum Ziel, die Teilnehmer bei der Entwicklung ihrer Identität, ihrer Interaktionsfähigkeit und ihrem emotionalen sowie moralischen Empfinden zu unterstützen. Diese Befähigung zu einer intensiveren Wahrnehmung der menschlichen Interaktion und der Befähigung zu einer alternativen Ausdrucksform soll die Teilnehmer darin unterstützen, von ihrer Kommunikationsform der Gewalt Abstand nehmen zu können. Außerdem sollen die Jugendlichen durch den Einsatz ressourcenorientierter Lösungsstrategien, wie der Einbindung in soziale Helfernetzwerke, dazu befähigt werden, einen Platz in unserer Gesellschaft einnehmen zu können, an welchem sie Anerkennung und Akzeptanz für prosoziale Verhaltensweisen erhalten. Da diese Arbeit aufzeigte, dass besonders Jugendliche mit niedrigem Bildungsniveau und fehlenden beruflichen Interessen zu Gewalttätigkeit neigen, sieht FairKörpern in der Vermittlung der Teilnehmer in Arbeitsverhältnisse die größte Chance auf eine Einbindung in unsere Gesellschaft und auf Kontakte der Jugendlichen zu förderlichen Bekanntschaften. Durch intensives Bewerbungstraining sollen sich die Jugendlichen mit ihren Fähigkeiten und Interessen in Bezug auf ihre berufliche Ausbildung auseinandersetzen. Dabei soll auch das Theaterprojekt, welches neben den darstellenden Anteilen auch sachbezogene Kenntnisse und Kompetenzen vermittelt, als Orientierungshilfe dienen. Durch das Ausführen technischer, künstlerischer und handwerklicher Aufträge zur Gestaltung des Theaterprojekts erhalten die Jugendlichen eine zusätzliche Möglichkeit, sich, ihre Interessen und ihre Fähigkeiten kennenzulernen. Auf diesen Erkenntnissen beruhend erstellen die Teilnehmer mithilfe der Mitarbeiter individuelle und aussagekräftige Bewerbungen, mit welchen sie einen Praktikumsplatz im Anschluss an die dreimonatige Theaterphase finden sollen. Um dies für die Jugendlichen zu erleichtern, müssen die Mitwirkenden des Projekts im Vorfeld intensive Aufklärungsarbeit leisten, um möglichst viele Betriebe zur Kooperation zu motivieren.

Neben den Vorteilen, welche die berufsbildende Komponente des Projekts für die Teilnehmer mitbringt, ergeben sich dadurch auch Vorteile für die Umsetzung des Projekts. Die Reflexion bestehender Sozialer Trainings in dieser Arbeit ergab, dass aufgrund mangelnder finanzieller Ressourcen der Kommunen weniger Trainings stattfinden können als notwendig. Durch die Einbettung einer berufsbildenden Komponente in das FairKörpern Projekt wird angestrebt, die ARGE als finanzielle Unterstützung für das Projekt als Eingliederung in Arbeit nach § 16(3) SGB II zu gewinnen. Da bei den ARGEn ein besonderes Interesse besteht, unter 25-Jährige unverzüglich in Arbeit zu bringen, bestünde durch das Projekt die Möglichkeit dies zu erreichen eher, als durch ein einfaches Bewerbungstraining durch die ARGE selbst. Denn die Schwierigkeiten, die bei den Jugendlichen zu der Anwendung von Gewalt führen, sind mit den Schwierigkeiten, welche die Arbeitslosigkeit bedingen, eng verbunden, sodass eine erfolgreiche Bearbeitung beider Themen zugleich der Kommune an Ende Entlastung brächte.

Abschließend wird festgehalten, dass Gewalt unter Jugendlichen keinesfalls dadurch gestoppt werden kann, den Betroffenen mit höheren Strafen zu drohen oder diese umzusetzen. Jugendliche Gewalttäter befinden sich in entwicklungsbedingten Schwierigkeiten, welche meist mit negativ zu bewertenden Sozialisationserfahrungen verbunden sind. Die Prävention in Form einer Verbesserung der Sozialisationsbedingungen aller Kinder und Jugendlichen in Deutschland wird hier als die nachhaltigste und ganzheitlichste Methode betrachtet. Da die Umsetzung dieser Forderung eine politische Angelegenheit ist, ist mit einer wirklich bemerkbaren Veränderung in absehbarer Zeit nicht zu rechnen. Bis dahin ist weiterhin auf die Jugendlichen, die sich durch die Anwendung von Gewalt strafbar machen, angemessen zu reagieren. Die bestehenden strafrechtlichen Sanktionen werden hier für ausreichend befunden. Die personellen und finanziellen Ressourcen der betroffenen Fachkräfte sind besser investiert in die Planung und Umsetzung von ressourcen- und lösungsorientierten Anti-Gewalt-Kursen, wie dem hier beschriebenen Projekt FairKörpern.

*„Die Würde des Menschen ist etwas Unverfügbares. Die Erkenntnis dessen, was das Gebot, sie zu achten, ist, ist jedoch nicht von der historischen Entwicklung zu trennen. Die Geschichte der Strafrechtspflege zeigt deutlich, dass an die Stelle grausamer Strafen immer mildere Strafen getreten sind. Der Fortschritt in der Richtung von roheren zu humaneren, von einfachen zu differenzierteren Formen des Strafens ist weitergegangen, wobei der Weg erkennbar wird, der noch zurückzulegen ist.“ (Bundesverfassungsgericht am 21.06.1977)* [354]

---

[354] Sonnen 2002: S. 15. In: Bereswill/Höynk (Hrsg.)

# Literatur

Albrecht, Peter-Alexis (2000): Jugendstrafrecht. 3. Auflage. München.

Albrecht, Hans-Jörg (1987): Jugendarbeitslosigkeit und Jugendkriminalität. In: Münder, Johannes/Sack, Fritz/Albrecht, Hans-Jörg/Plewig, Hans-Joachim: Jugendarbeitslosigkeit und Jugendkriminalität. Neuwied.

Baier, Dirk/ Pfeiffer, Christian/Simonson, Julia/Rabold, Susann (2009): Forschungsbericht Nr.107. Jugendliche in Deutschland als Opfer und Täter von Gewalt. Erster Forschungsbericht zum gemeinsamen Forschungsprojekt des Bundesministeriums des Inneren und des KFN. Hannover.

Bamberger, Günter (2010): Lösungsorientierte Beratung. 4. Auflage. Weinheim/Basel.

Bauer, Gertrud/von Mohrenfels, Karin (1985): Sozialisationsbedingungen jugendlicher Straftäter. Stuttgart.

Becker, Sven/Brandt, Andrea/Kaiser, Simone/Neumann, Conny/Scheuermann, Christoph (2011): Kinder der Finsternis. In: Der Spiegel Nr. 18/ 2.5.11. Hamburg.

Behn, Sabine/Bindel-Kögel, Gabriele (2008): Von der Mode zur Methode? Kritische Überlegungen zur Qualität von Anti-Gewalt-Trainings. In: Unsere Jugend. Die Zeitschrift für Studium und Praxis der Sozialpädagogik. 60. Jahrgang/September 2008. München.

Bierhoff, Hans-Werner/Herner, Michael Jürgen (2002): Begriffswörterbuch Sozialpsychologie. Stuttgart.

Biermann, Benno/Bock-Rosenthal, Erika/Doehlemann, Martin/Grohall, Karl-Heinz/Kühn, Dietrich (2004): Soziologie. Studienbuch für soziale Berufe. 4. Auflage. München/Basel.

Boysen, Thies/ Strecker, Marius (Hrsg.) (2002): Der Wert der Sozialen Arbeit. München.

Bruhns, Kirsten/ Wittmann, Svendy (2002): „Ich meine, mit Gewalt kannst du dir Respekt verschaffen" Mädchen und junge Frauen in gewaltbereiten Jugendgruppen. Opladen.

Bundesministerium des Inneren (2009): Polizeiliche Kriminalstatistik 2009. Berlin.

Burschyk, Leo/Sames, Karl-Heinz/Weidner, Jens (1997): Das Anti-Aggressivitäts-Training: Curriculare Eckpfeiler und Forschungsergebnisse. In: Weidner, Jens/Kilb, Rainer/Kreft, Dieter: Gewalt im Griff. Neue Formen des Anti-Aggressivitäts-Trainings. Weinheim/Basel.

Deegener, Günther (2002): Aggression und Gewalt von Kindern und Jugendlichen. Ein Ratgeber für Eltern, Lehrer und Erzieher. Göttingen et al.

De Jong, Peter/Kim-Berg, Insoo (1998): Lösungen (er-)finden. Das Werkstattbuch der lösungsorientierten Kurztherapie. Dortmund.

Dölling, Dieter/Duttge, Gunnar/Rössner, Dieter (Hrsg.) (2008): Gesamtes Strafrecht. StGB. Nebengesetze. Handkommentar. Baden-Baden.

Dreßel, Eva (2007): „Projekt Chance". Eine Alternative zu herkömmlichen Jugendstrafanstalten. In: Göhlich, Michael/ Liebau, Eckart: Erlanger Beiträge zur Pädagogik. Münster et al.

Dudenredaktion (2001): Duden. Das Fremdwörterbuch. 7. Auflage. Mannheim et al.

Dünkel, Frieder./Gebauer, Dirk/Geng, Bernd (2008): Jugendgewalt und Möglichkeiten der Prävention. Godesberg.

Eberle, Friedrich/Maindok, Herlinde (1994): Einführung in die soziologischen Theorien. 2. Auflage. München/Wien.

Fittkau, Bernd/Müller-Wolf, Hans-Martin/Schulz von Thun, Friedemann (1977): Kommunizieren lernen (und umlernen). Trainingskonzeption und Erfahrungen. Braunschweig.

Freudenreich, Dorothea/Gräßer, Herbert/Köberling, Johannes (1976): Rollenspiel. Praxishandbuch 5. Auflage. Hannover.

Fröhlich-Gildhoff, Klaus/Beuter, Simone (2008): Anti-Gewalt-Trainings mit Mädchen – Erfahrungen mit einem geschlechtsspezifischen Angebot. In: Unsere Jugend. Die Zeitschrift für Studium und Praxis der Sozialpädagogik. 60. Jahrgang, September 2008. München.

Gall, Reiner/Wenderoth, Helmut/Bloeß, Ingo (2003): Theaterpädagogik – Ein Modul des Coolness-Trainings. In: Weidner, Jens/Kilb, Rainer/Jehn, Otto (Hrsg.): Gewalt im Griff. Band 3. Weiterentwicklung des Anti-Aggressivitäts- und Coolness-Trainings. Weinheim et al.

Goffman, Erving (1976): Wir alle spielen Theater. Die Selbstdarstellung im Alltag. München.

Harring, Marius/Böhm-Kasper, Oliver/Rohlfs, Carsten/Palentien, Christian (Hrsg) (2010): Freundschaften, Cliquen und Jugendkulturen. Peers als Bildungs- und Sozialisationsinstanzen. Wiesbaden.

Heiner, Maja (2007): Soziale Arbeit als Beruf. Fälle-Felder-Fähigkeiten. München/Basel.

Hoppe, Heinz (2003): Theater und Pädagogik. Grundlagen, Kriterien, Modelle pädagogischer Theaterarbeit. Münster.

Hurrelmann, Klaus (2001): Einführung in die Sozialisationstheorie. 7. Auflage. Weinheim/Basel.

Karnowsky, Wolfgang (2008): Skript „Jugendstrafrecht" Wintersemester 2009. Dortmund.

Karpf, Tobias (2004): Kundenorientierte Qualitätsentwicklung in der Heimerziehung. Stuttgart.

Kilb, Rainer (2011): Begriffsverständnis und Platzierung „Konfrontativer Pädagogik" im gesellschaftspolitischen Diskurs. In: Weidner, Jens/Kilb Rainer (Hrsg.): Handbuch Konfrontative Pädagogik. Grundlagen und Handlungsstrategien zum Umgang mit aggressivem und abweichendem Verhalten. Weinheim und München.

Kindhäuser, Urs (2009): Strafgesetzbuch. Lehr- und Praxiskommentar. 4. Auflage. Baden-Baden.

Knitsch, Norbert/Auge, Gertrud (2009): Die Kraft des Theaterspiels. Ein TAG-Theater Lesebuch. Bielefeld.

Koch, Gerd/Streisand/ Marianne (Hrsg.) (2003): Wörterbuch der Theaterpädagogik. Uckerland.

Korn, Judy/Mücke, Thomas (2011): Gewalt im Griff 2: Deeskalations- und Mediationstraining. Weinheim/ München.

Kraus, Tom/Vohl, Julia/Hanraets, Nils/Blaschko, Simon (Hrsg.) (2010): Theatertäter. Spielräume im Knast. Berlin et al.

Limbrunner, Alfons (1998): Soziale Arbeit als Beruf. Berufsanfang. Wiedereinstieg und Berufswechsel. Weinheim/Basel.

Löbermann, Florian (2006): „Mit der Tür durch die Wand" Ein praxisbezogenes Training zur bewussten und aktiven Gestaltung des eigenen Lebens (nicht nur) für gering qualifizierte arbeitslose Jugendliche. Lengerich et al.

Luedtke, Jens (2008): Abweichendes Verhalten. In: Willems, Herbert (Hrsg.): Lehr(er)buch Soziologie. Für die pädagogischen und soziologischen Studiengänge. Band I. Wiesbaden.

Matthies, Tabea (2011): Zielgruppe Mädchen und junge Frauen. In: Weidner, Jens/ Kilb Rainer (Hrsg.): Handbuch Konfrontative Pädagogik. Grundlagen und Handlungsstrategien zum Umgang mit aggressivem und abweichendem Verhalten. Weinheim und München.

Maus, Friedrich/Nodes, Wilfried/ Röh, Dieter (2008): Schlüsselkompetenzen der Sozialen Arbeit. Für die Tätigkeitsfelder Sozialarbeit und Sozialpädagogik. Schwalbach.

Mead, Georg Herbert (1976): Sozialpsychologie. Darmstadt.

Moeckl, Gottfried (1992): Treffpunkt Clique. Jugend zwischen Langeweile und Gewalt. Fellbach.

Morath, Rupert/Rau, Sandra/Rau, Thea/Reck, Wolfgang (2004): Schlaglos Schlagfertig. Der Gewalt entgegentreten. I. Bleib cool. II. Anti-Aggressivitäts-Training. Trainings für gewalttätige und aggressive Kinder und Jugendliche. München.

Mühlisch, Sabine (2007): Fragen der Körpersprache. Antworten zur non-verbalen Kommunikation. Paderborn.

Nix, Christoph (1993): Kurzkommentar zum Jugendgerichtsgesetz. Mit Richtlinien und Verwaltungsvorschriften. Weinheim/Basel.

Oser, Fritz/Düggeli, Albert (2008): Zeitbombe „dummer" Schüler. Resilienzentwicklung bei minderqualifizierten Jugendlichen, die keine Lehrstelle finden. Basel.

Ostendorf, Heribert (2003): Jugendgerichtsgesetz. Kommentar. 6. Auflage. Köln et al.

Ostendorf, Heribert (2009): Jugendgerichtsgesetz. 8. Auflage. Baden-Baden.

Oswald, Gerhard (1988): Systemansatz und soziale Familienarbeit. Methodische Grundlagen und Arbeitsformen. Freiburg im Breisgau.

Patra, Wolfgang (Hrsg.) (2001): Arbeitsmaterialien zum Einführungs- und Aufbaulehrgang Jugendgerichtshilfe. Landschaftsverband Westfalen Lippe. Dortmund.

Pausewang, Freya (2000): Dem Spielen Raum geben. Grundlagen und Orientierungshilfe zur Spiel- und Freizeitgestaltung in sozialpädagogischen Einrichtungen. Berlin.

Petermann, Franz/Petermann, Ulrike (1997): Training mit Jugendlichen. Aufbau von Arbeits- und Sozialverhalten. Göttingen et al.

Petzold, Hilarion (1993): Angewandtes Psychodrama. Paderborn.

Raithel, Jürgen/Mansel, Jürgen (Hrsg.) (2003): Kriminalität und Gewalt im Jugendalter. Hell- und Dunkelfeldbefunde im Vergleich. Weinheim/München.

Rupp, Ralf/Knoll, Ulrich (2007): Kinder unserer Zeit. Gewalt unter Kindern und Jugendlichen. Ursachen und Ansätze zur Prävention. Erlangen.

Schaffstein, Friedrich/Beulke, Werner (2002): Jugendstrafrecht. Eine systematische Darstellung. 14. Auflage. Stuttgart.

Schaller, Roger (2005): Wege an sie ranzukommen. Selbstmanagement und Psychodrama-Training mit gewaltbereiten Kindern und Jugendlichen. Weinheim/ München.

Schröder, Achim (2002): Konflikt und Adoleszenz- über die heutigen Umgangsweisen mit Jugend. In: Bettinger, Mansfeld und Jansen (Hrsg.): Gefährdete Jugendliche? Jugend, Kriminalität und der Ruf nach Strafe. Opladen.

Schulz, Katharina (2007): Soziale Kulturarbeit im Studiengang Soziale Arbeit. In: Unsere Jugend. Die Zeitschrift für Studium und Praxis der Sozialpädagogik. 59. Jahrgang, Mai 2007. München.

Simon, Sabrina (2009): Gewaltbereite Mädchen in sozialen Brennpunkten. Zwischen Frustration und misslungener Kommunikation. München.

Skepenat, Marcus (2000): Jugendliche und Heranwachsende als Tatverdächtige und Opfer von Gewalt. Bonn.

Sobottka, Jürgen (1990): Die soziale Arbeit des Bewährungshelfers. Eine deskriptiv-statistische Untersuchung bei der hauptamtlichen Bewährungshilfe für Erwachsene in Hamburg. Bonn.

Sonnen, Bernd-Rüdeger (2002): Jugendstrafvollzug in Deutschland. Rechtliche Rahmen-bedingungen und kriminalpolitische Entwicklungen. In: Bereswill, Mechthild/Höynk, Theresia (Hrsg.) (2002): Jugendstrafvollzug in Deutschland. Grundlagen, Konzepte, Handlungsfelder. Beiträge aus Forschung und Praxis. Mönchengladbach.

Spiegelredaktion (2011): Mordswut. Die unheimliche Eskalation der Jugendgewalt. In: Der Spiegel Nr. 18/ 2.5.11. Hamburg.

Stascheid, Ulrich (2008): Gesetze für Sozialberufe. 16. Auflage. Frankfurt a. M.

Stiels-Glenn, Michael (2011): Professionelle Kompetenzen in der Konfrontativen Arbeit. In: Handbuch Konfrontative Pädagogik. Grundlagen und Handlungsstrategien zum Umgang mit aggressivem und abweichendem Verhalten. Weinheim und München.

Taubner, Svenja (2008): Einsicht in Gewalt. Reflexive Kompetenz adoleszenter Straftäter beim Täter-Oper-Ausgleich. Gießen.

Toprak, Ahmet (2001): „Ich bin eigentlich nicht aggressiv" Theorie und Praxis eines Anti-Aggressions-Kurses mit türkischstämmigen Jugendlichen. Freiburg im Breisgau.

Wahl, Klaus/ Hess, Katja (2009): Täter oder Opfer? Jugendgewalt – Ursachen und Präven-tion. München, Basel.

Wahrig, Renate (2008): Fremdwörterlexikon. Fremdwörter verstehen und anwenden. Gü-tersloh/München.

Watzlawick, Paul (1983): Anleitung zum Unglücklich sein. 5. Auflage. München.

Weidner, Jens (1997): Der „heiße Stuhl" in der sozial-pädagogisch-psychologischen Pra-xis. In: Weidner, Jens/Kilb, Rainer/Kreft, Dieter: Gewalt im Griff. Neue Formen des Anti-Aggressivitäts-Trainings. Weinheim/Basel.

Weidner, Jens (2001): AAT® Anti-Aggressivitäts-Training für Gewalttäter. 5. Auflage. Godesberg.

Weidner, Jens (2011): Das Anti-Aggressivitäts-Training (AAT®) in der Konfrontativen Pädagogik. In: Weidner, Jens/Kilb Rainer (Hrsg.): Handbuch Konfrontative Pädagogik. Grundlagen und Handlungsstrategien zum Umgang mit  aggressivem und abweichendem Verhalten. Weinheim und München.

Weidner, Jens/Gall, Rainer (2003): Das Anti-Aggressivitäts- und Coolness-Training. Zum theoretischen Rahmen konfrontativ orientierter Methodiken. In: Weidner, Jens/Kilb, Rainer/Jehn, Otto (Hrsg.): Gewalt im Griff. Band 3. Weiterentwicklung des Anti-Aggressivitäts- und Coolness-Trainings. Weinheim et al.

Weidner, Jens/Kilb Rainer (Hrsg.) (2011): Handbuch Konfrontative Pädagogik. Grundlagen und Handlungsstrategien zum Umgang mit aggressivem und abweichendem Verhalten. Weinheim und München.

Weintz, Jürgen (2008): Theaterpädagogik und Schauspielkunst. Ästhetische und psychosoziale Erfahrung durch Rollenarbeit. Berlin et al.

Wetzstein, Thomas/Erbeldinger, Patricia/Hilgers, Judith/Eckert, Roland (2005): Jugendliche Cliquen. Zur Bedeutung der Cliquen und ihrer Herkunfts- und Freizeitwelten. Wiesbaden.

Wiener, Ron (2001): Soziodrama praktisch. Soziale Kompetenz szenisch vermitteln. München.

Wischmann, Anke (2010): Adoleszenz – Bildung – Anerkennung. Adoleszente Bildungsprozesse im Kontext sozialer Benachteiligung. Wiesbaden.

Zwick, Elisabeth (2002): Prävention als Aufgabenfeld pädagogischen Handelns. Grundlagen und Grundlegung im Kontext der Jugendkriminalität. In: Unsere Jugend. Die Zeitschrift für Studium und Praxis der Sozialpädagogik. 54. Jahrgang, April 2002. München.

**Internetquellen:**

http://www.maenner-contra-gewalt.de/Anti-Aggressivitäts_training.htm
Abgerufen am 26.05.2011

http://www.efh-darmstadt.de/forschung/hollbrink/anleit_1.pdf
Material zur Selbstevaluation für Soziale Trainingskurse und Betreuungsweisungen. Abgerufen am 28.05.2011

http://www.bmfsfj.de/BMFSFJ/Kinder-und-Jugend/kinder-und-jugendschutz.html
Abgerufen am 09.06.2011

## Saskia Hofmann

### Yes, she can!
Konfrontative Pädagogik in der Mädchenarbeit

Gender and Diversity, Bd. 2, 2011,
127 S., ISBN 978-3-86226-015-5,
€ 18,80

Der Umgang mit Gewalt und Aggressionen im Alltag stößt immer mehr auf das Interesse pädagogischer Mitarbeiter in jeglichen sozialen Einrichtungen. Durch die zunehmende Sichtbarkeit der Gewalttaten von vor allem weiblichen Jugendlichen steigt auch das Bedürfnis die Konfliktfähigkeit jener Zielgruppe zu steigern und die Hintergründe solcher Taten zu beleuchten.

Das Buch erläutert systematisch Annahmen und Ausführungen zur geschlechtsspezifischen Gewaltanwendung. Dabei wird das Phänomen der Mädchengewalt kritisch und differenziert anhand von Zahlen der polizeilichen Kriminalstatistik dargelegt. Auf Basis dieser Zahlen diskutiert die Autorin dann die typischen Gewaltformen, Hintergründe und gewaltfördernde Faktoren im Lebenszyklus der Mädchen. Dabei liefert sie Begründungen, dass Genderorientierung durchaus sinnvoll ist und erläutert die geschlechtsspezifischen Sozialisationsaspekte im Rahmen der Familie und Schule. Das Hauptaugenmerk liegt auf der Methode der konfrontativen Pädagogik. Laut der Autorin wird diese als Grundlage vieler pädagogischer Angebote mit gewaltbereiten Jugendlichen genutzt. Mit dem eigens konzipierten Anti-Gewalt- und Kompetenztraining „Yes, she can!" werden Möglichkeiten aufgezeigt, wie mit den zuvor vorgestellten Methoden präventiv im Rahmen der Mädchengewalt gearbeitet werden kann.

„Das entwickelte Konzept der Konfrontativen Methode für Mädchen ist sehr gelungen. Die Autorin verbindet ihre theoretischen Überlegungen in hervorragender Art und Weise mit der Praxis der Sozialen Arbeit."
*Prof. Dr. Ahmet Toprak, FH Dortmund*

# UNSERE BUCHTIPPS !

■ Verena Jacob
**Die Bedeutung des Islam für Jugendliche aus der Türkei in Deutschland**
Empfehlungen für die Soziale Arbeit in der Jugendberufshilfe
Migration und Lebenswelten, Bd. 4, 2011, 168 S.,
ISBN 978-3-86226-096-6, € 19,80

■ Fabian Frank
**Soziale Netzwerke von (Spät-)Aussiedlern**
Eine Analyse sozialer Unterstützung aus sozialarbeiterischer Perspektive
Migration und Lebenswelten, Bd. 1, 2011, 120 S.,
ISBN 978-3-86226-037-9., € 16,80

■ Oğuzhan Yazici
**Jung, männlich, türkisch – gewalttätig?**
Eine Studie über gewalttätige Männlichkeitsinszenierungen türkischstämmiger
Jugendlicher im Kontext von Ausgrenzung und Kriminalisierung
Schriften zum Jugendrecht und zur Jugend-Kriminologie, Bd. 8, 2011, 210 S.,
ISBN 978-3-86226-040-9, € 22,80

■ Beate Kolonko
**Spracherwerb im Kindergarten**
Grundlagen für die sprachpädagogische Arbeit von ErzieherInnen
Reihe Pädagogik, Bd. 39, 3. vollständig überarbeitete und ergänzte Auflage, 2011, 227 S.,
ISBN 978-3-86226-047-8

■ Anissa Norman
**„Migrationshintergrund ist halt auch irgendwie Thema"**
Eltern mit Migrationshintergrund im Kontext der stationären Kinder- und Jugendhilfe
Reihe Pädagogik, Bd. 35, 2010, 195 S.,
ISBN 978-3-8255-0767-1, € 22,00

■ Elisa Bader
**Bildungschancen und -ambitionen türkischer MigrantInnen**
Vor dem Hintergrund divergierender institutioneller Konzepte im Umgang mit
Migrationseltern in Deutschland und Australien
Reihe Pädagogik, Bd. 34, 2010, 120 S.,
ISBN 978-3-8255-0760-2, € 18,00

■ Ahmet Toprak
**Jungen und Gewalt**
Die Anwendung der Konfrontativen Pädagogik in der Beratungssituation mit türkischen
Jugendlichen
Reihe Pädagogik, Bd. 24, 2005, 112 S.,
ISBN 987-3-8255-0527-1, € 15,90

■ Ahmet Toprak
**„Wer sein Kind nicht schlägt, hat später das Nachsehen"**
Elterliche Gewaltanwendung in türkischen Migrantenfamilien und Konsequenzen für die
Elternarbeit
Reihe Pädagogik, Bd. 21, 2004, 150. S.,
ISBN 978-3-8255-0478-6, € 18,50

Printed in Poland
by Amazon Fulfillment
Poland Sp. z o.o., Wrocław

92352472R00074